La crise de Carl Rogers

Subjectivité vs objectivité

Ovide Bastien

Publié par Ovide Bastien
ISBN : 978-2-925157-03-8

À la mémoire du père Emmett Johns, connu sous le nom de
Pops, – décédé le 13 janvier 2018 – qui a tendu la main
sans jugement aux jeunes sans-abri de Montréal pendant
des décennies, adoptant à leur égard une attitude d'accueil
inconditionnel, d'empathie et de confiance.

Au père Sylvio Ducharme et à tous les autres Oblats de
Marie Immaculée qui m'ont guidé et formé dans ma
jeunesse.

À mon amour, Danielle, qui sait accueillir la vie à bras
ouverts, surtout celle des petits, et dont l'écoute est si
profonde.

Table des matières

Du même auteur

Chili: le coup divin publié par Les Éditions du Jour en septembre 1974, Montréal, Canada. Republié sur Amazon en format numérique en 2014 et en format imprimé en 2015

Chile: el golpe divino, publié sur Amazon en format numérique et imprimé en 2017. Inclut une mise à jour Épilogue 2017

Chile: The Divine Coup, publié sur Amazon en format numérique et imprimé en 2017. Inclut une mise à jour Épilogue 2017

CHILE: Underside of Economic Miracle publié en tant que manuel de classe au Collège Dawson de 1995 à 2011. Mise à jour et republié sur Amazon en format numérique en 2014 et en format imprimé en 2015.

My 9/11 Awakening to America's Moral Crisis (Diary and Letters, Chile: 11 September 1973 Military Coup), publié sur Amazon en format imprimé et numérique en 2015

 Love or Money: What Makes the World Go Round? publié sur Amazon en format numérique et imprimé en 2015

Cry of the Earth – Cry of the Poor, publié sur Amazon en format numérique et imprimé en 2015

Globalization Under Attack, publié sur Amazon en format numérique et imprimé en 2017

Carl R. Rogers' Crisis: Subjectivity vs. Objectivity, publié sur Amazon en format numérique et imprimé en 2018

Life of the Mind According to Aimé Forest, publié sur Amazon en format numérique et imprimé en 2018.

La vie de l'esprit selon Aimé Forest, publié sur Amazon en format numérique et imprimé en 2018.

Conférences et entrevues

Pour visionner ma conférence (en anglais) sur le coup d'état chilien du 11 septembre 1973 lors du Forum social tenu à Ottawa le 22 août 2014:
https://www.youtube.com/watch?v=LJqi5bSLN0c

Christ Dayo du CHRY News Collective m'a accordé une entrevue en septembre 2014. Pour écouter cette entrevue radiodiffusée de 30 minutes (en anglais) sur le coup d'état chilien du 11 septembre 1973:
https://www.mixcloud.com/discover/ovide-bastien/

Pour visionner mon hommage à Sœur Marie Denise Dubois, une femme qui a dédié sa vie aux marginalisés au Chili et au Honduras:
Marie Denise Dubois ou l'autre visage de l'Église

Pour visionner ma conférence (en anglais) sur le coup d'état chilien du 11 septembre 1973 lors du Forum social mondial tenu à Montréal en août 2016:
https://www.youtube.com/watch?v=D2YsYG0lzVU

Préface

Quand je me préparais à devenir prêtre et missionnaire il y a 52 ans – j'avais alors 23 ans et vivais à Ottawa – j'ai rédigé deux mémoires en vue de ma maîtrise en philosophie. Le premier mémoire portait sur le psychothérapeute américain Carl Rogers et le second sur le philosophe français Aimé Forest.

Pour éviter la solitude souvent vécue par ceux qui écrivent des thèses, mon collègue séminariste Léo Boudreau et moi avions choisi d'étudier les deux mêmes auteurs pour nos mémoires. Chacun d'entre nous se concentrerait sur un aspect différent, mais le fait de faire des recherches sur les deux mêmes auteurs nous permettrait d'avoir toujours quelqu'un, en plus de notre directeur de thèse, avec qui nous pourrions partager ce que nous apprenions, y compris nos doutes, nos questions, etc. Et quelqu'un qui avait vraiment beaucoup de connaissances et d'intérêt sur le sujet de notre thèse.

En écrivant nos mémoires de septembre 1965 à mai 1966, Léo et moi vivions avec les prêtres et frères oblats qui géraient la Résidence Sacré Cœur – une résidence pour les étudiants qui envisageaient possiblement le sacerdoce – et qui s'occupaient également de la paroisse du Sacré-Cœur, dont l'église était située de l'autre côté de la rue.

Léo aimait jouer de la guitare et chanter – et il excellait dans les deux – et nous accompagnions souvent des étudiants de l'Université d'Ottawa dans divers événements, principalement des retraites de fin de semaine. Léo et moi accompagnions aussi le curé oblat de la paroisse du Sacré-Cœur, faisant tout ce que nous pouvions pour animer les célébrations eucharistiques quotidiennes.

****

Aujourd'hui, avec le recul que plus d'un demi-siècle me permet d'avoir, je suis très impressionné par le fait que la vision du monde sous-jacente à l'approche philosophique d'Aimé Forest et celle sous-jacente à la thérapie centrée sur la personne de Carl Rogers, non seulement demeurent pertinentes en 2018, mais aussi, à mon avis, d'une brûlante actualité.

Je suis également très impressionné par le fait que ces deux visions du monde ont beaucoup en commun avec la vision indigène du monde, que beaucoup d'écologistes – comme Naomi Klein et David Suzuki par exemple – soutiennent que nous devons adopter pour faire face à la crise environnementale historique actuelle. Beaucoup en commun également avec la vision du monde que le théologien catholique renommé et récemment décédé, Gregory Baum, qui était l'un des œcuménistes experts pour les réformes du concile Vatican II, soutient que nous devons adopter pour combler le fossé entre personnes de différentes croyances religieuses. Beaucoup en commun, enfin, avec la vision du monde que Mohandas Karamchand Gandhi, le protagoniste le plus renommé au monde de la non-violence, affirme que nous devrions adopter dans la lutte pour la justice sociale.

Dans la première section je souligne brièvement pourquoi je considère que la vision du monde sous-jacente à la philosophie d'Aimé Forest a beaucoup en commun avec celle de la thérapie centrée sur la personne de Carl Rogers, celle de Gregory Baum, celle des indigènes, et celle de Gandhi; j'explique pourquoi je considère extrêmement important de continuer à défendre ces visions du monde en 2018; et je soutiens que ces visions du monde, auxquelles j'ai été exposées dans ma jeunesse, m'ont beaucoup aidé en tant qu'éducateur.

Dans la deuxième section je reproduis le mémoire sur Carl Rogers que j'ai rédigé à l'automne 1965.[1] Dans ce mémoire, je fais d'abord ressortir les aspects fondamentaux de l'approche centrée sur la personne de Rogers en psychothérapie. Ensuite j'analyse, longuement et en détail, le conflit intellectuel entre subjectivité et objectivité vécu par Rogers au cours de sa carrière. Finalement, je procède à une très brève critique philosophique et épistémologique de la solution qu'il met de l'avant pour solutionner ce conflit.

Enfin, dans Épilogue 2018, j'approfondis et développes un peu plus mon évaluation critique de la solution apportée par Rogers au conflit – connaissance subjective vs connaissance objective – et présente quelques pistes de solution plus respectueuses, à mon avis, de la richesse et diversité de l'expérience humaine de connaissance.

J'inviterais les lecteurs, qui s'intéressent aux questions philosophiques et voudraient donc explorer davantage les fondements philosophiques de ma critique de Carl Rogers sur la subjectivité et l'objectivité, à consulter mon livre *La vie de l'esprit selon Aimé Forest*.

Dans ce livre, je reproduis la thèse que j'ai écrite sur le philosophe français Aimé Forest. Ensuite je reproduis deux courtes réflexions philosophiques – une sur la définition et l'autre sur la gratuité – que je rédigeais au Scolasticat oblat de Rome lorsque je suivais des cours de théologie à l'Université Saint Thomas, réflexions qui explicitent mon option pour le réalisme et ma critique de l'idéalisme. Enfin, je reproduis une longue réflexion-méditation personnelle que j'ai écrite en octobre 1966, alors que je débutais mes tous premiers cours de théologie à l'Université Saint Thomas à Rome. Cette réflexion représente un effort pour mettre sur papier et clarifier l'évolution de ma foi

---

[1] J'ai rédigé ce mémoire en anglais. La traduction de l'anglais au français est la mienne.

religieuse, tout en rappelant les grandes leçons que je tirais de mes quatre années d'études en philosophie. Bien que cette réflexion-méditation ne reflète pas la personne que je suis en 2018 – je ne suis plus croyant même si plusieurs de mes amis le sont et que j'ai beaucoup de respect pour eux – je la reproduis telle quelle pour sa valeur historique. Aussi et surtout, parce qu'elle reflète des valeurs, spirituelles dans le sens large et philosophiques dans le sens étroit, qui ont beaucoup marqué ma vie jusqu'à ce jour, et reflète une quête qui ne saurait échapper à toute personne, peu importe son âge : celle du sens de la vie et de l'univers.

Section I – La vision du monde de Carl Rogers: une vision qu'il nous importe d'adopter aujourd'hui

Dans ses livres et articles, Carl Rogers présente la vision du monde sous-jacente à son approche centrée sur le client en thérapie. Il soutient que le thérapeute doit être congruent et empathique, et adopter une attitude de regard positif inconditionnel envers son client (Pour exprimer cette attitude de regard positif inconditionnel, Rogers utilise parfois le terme «caring», mais évite d'utiliser le mot amour « parce que ce terme est galvaudé dans notre culture »). Il soutient que le thérapeute doit se centrer entièrement sur le client et non sur les théories qu'il a étudiées durant sa formation. Que de telles conditions permettent parfois à thérapeute et client de vivre une sorte d'expérience mystique semblable à l'extase. Qu'elles font en sorte que le client apprend à s'ouvrir, à se reconnecter à des émotions profondes, à permettre aux expériences auparavant bloquées d'entrer dans le champ de la conscience ; qu'il apprend à réinterpréter des expériences dont le sens avaient été déformé ; qu'il apprend à évaluer toutes ses expériences à partir de ses propres critères personnels. Et aussi et surtout, qu'il réussit à identifier peu à peu la cause profonde de ses problèmes, qu'il commence à trouver les moyens d'y remédier, qu'il adopte de plus en plus des orientations positives.

La principale passion d'Aimé Forest en tant que philosophe – j'ai lu la plupart de ses livres et articles et plusieurs de ses revues de livres – consiste à examiner la nature de l'être, mais aussi et surtout à explorer l'attitude qu'il faut adopter pour être capable de communier en profondeur à l'être.

Nous arrivons à découvrir le sens et l'unité de l'être, à vivre l'intuition de l'être, soutient-il, lorsque nous réussissons à accueillir l'être dans tout ce qu'implique sa singularité et concrétude, lorsque nous communions méditativement à cet essentiel qui nous permet de toucher ce qui est à la fois absolument unique et absolument universel dans les choses et les personnes. Lorsque nous consentons à l'être, et l'accueillons à bras ouverts, avec confiance et bienveillance.

Deux expériences par excellence selon Forest qui permettent de faire l'expérience de l'intuition de l'être: celle de la beauté, dans laquelle existe une sorte de correspondance mystique ou d'harmonie entre celui ou celle qui contemple et objet contemplé ; et celle de l'amour, où la personne qui aime découvre à la fois l'unicité absolue de l'autre – la découverte de l'autre en profondeur coïncidant avec la découverte de soi en profondeur – et l'universalité et la totalité. Pour moi tu es le monde entier!

Influence de Carl Rogers et d'Aimé Forest sur ma vie de pédagogue
Forest et Rogers ont eu une influence profonde sur toute ma vie de pédagogue. Dans mon enseignement de la philosophie pendant quatre ans après que j'eus abandonné l'idée de devenir prêtre et quitté le séminaire, et plus tard dans mon enseignement de l'économie de 1978 à 2010.

En 1993, j'ai cofondé Les Études Nord-Sud, un programme d'études au Collège Dawson qui comprend un grand nombre d'activités parascolaires, y inclus un stage étudiant annuel d'un mois au Nicaragua.

Les cercles magiques – discussions de groupe – en particulier ceux qui ont lieu pendant le stage, jouent un rôle fondamental dans Les Études Nord-Sud. L'influence de Carl Rogers, ainsi que les diverses expériences de dynamique de groupe que j'ai eues lors des retraites de week-end avec les jeunes lors de ma formation au séminaire, ont certainement contribué à la création de ces cercles magiques, qui font maintenant partie intégrale du programme et se poursuivent toujours.[2] Pendant des années, chaque stage au Nicaragua a été précédé d'un week-end à mon chalet à Entrelacs, dans les Laurentides, où étudiants et professeurs vivaient ensemble et partageaient leurs réflexions.

Étudiants et enseignants vivent parfois, dans ces cercles magiques, une sorte d'expérience mystique et très profonde, une expérience qui ressemble à celle que vivent souvent, selon Rogers, thérapeute et client durant les sessions de thérapie.

Je me souviens quand, à peine trois semaines avant notre départ pour le Nicaragua, l'une de nos stagiaires avait tenté de se suicider. Tous les participants étaient au courant, mais ils avaient généreusement accepté que cette étudiante participe néanmoins au stage, malgré les défis immenses que cela posait, étant donné que le psychothérapeute qui la traitait avait fait cette recommandation. Lorsque je lui

―――――――――――――――――

[2] Un de nos étudiants du programme était autochtone. Il venait de la réserve indienne de Maniwaki, située non loin de Montréal. Il était très habitué aux cercles magiques dans sa communauté et nous a appris comment utiliser un petit objet – un petit bâton, un crayon, une gomme à effacer – pour faciliter notre communication. La personne qui parle tient l'objet et, lorsqu'elle a fini de parler, le transmet à une autre personne. La règle d'or: seule la personne tenant l'objet peut parler. Tous les autres doivent écouter en profondeur et avec respect. Ne pas chercher à contredire ou à désapprouver la personne qui parle, mais chercher à avoir une attitude d'empathie et de bonté.

Un autre de nos élèves, Kahlil Baker, nous a enseigné à pratiquer des « group hugs », surtout pour clore harmonieusement nos cercles magiques. Dans Les Études Nord-Sud, les enseignants ont tendance à être très proches des étudiants, en particulier lors des stages. Les câlins font partie intégrante de la tradition du programme.

annonce, dans sa chambre à l'hôpital, qu'elle pourra participer au stage, elle me serre longuement dans ses bras. Inutile de dire que les cercles magiques et les liens créés lors de ce stage furent particulièrement profonds, intenses et inoubliables.

Pour le cours *Développement économique*, que j'ai enseigné aux étudiants des Études Nord-Sud pendant plusieurs années, j'ai écrit un manuel de classe CHILE: Underside of Economic Miracle qui incluait une étude de cas du Chili. Le manuel comprenait également de nombreux extraits du journal et des lettres que j'ai écrites lorsque j'ai vécu le coup d'état chilien du 11 septembre 1973 et la première année de la dictature de Pinochet. L'influence d'Aimé Forest, un philosophe qui, comme Antoine de Saint-Exupéry, insiste sur le fait que l'on communie à l'être en profondeur non pas surtout à travers l'étude de catégories, si scientifiques soient-elles, mais plutôt en accueillant l'être individuel dans tout ce qu'implique son unicité et sa singularité – apprivoiser –, ressort clairement de ce manuel. En expliquant pourquoi j'ai choisi d'utiliser une approche d'étude de cas, j'écris:

« Si le cours concerne les pays en développement, pourquoi se concentrer autant sur un seul de ces pays? Pourquoi se concentrer sur le Chili? Est-ce que la connaissance de l'ensemble ne fournit pas beaucoup plus que la connaissance du particulier? Antoine de Saint-Exupéry souligne l'importance de la connaissance du particulier: « L'important, c'est la rose ». En d'autres termes, ce qui compte le plus, c'est comment je communie au monde. Je ne peux pas obtenir une bonne compréhension du monde simplement en catégorisant choses et personnes. L'homme d'affaires peut réduire la réalité aux opportunités de profit. Le dirigeant assoiffé de pouvoir peut réduire la réalité aux sujets à gérer et dominer. Le scientifique peut voir des nombres et des catégories abstraites partout où il regarde.

Cependant, je ne peux vraiment communier en profondeur au monde, soutient Saint-Exupéry, que lorsque *j'arrive à développer une relation avec une personne en étant attentif à ce qu'elle a d'unique et d'irremplaçable. Je peux découvrir beaucoup plus sur les fleurs dans le monde en accueillant en profondeur, avec une attitude d'ouverture et de réceptivité, une seule fleur individuelle et concrète, qu'en essayant d'étudier toutes les fleurs du monde entier à travers des catégories abstraites.*

Visions du monde similaires: Aimé Forest, Carl Rogers, Gregory Baum, les indigènes, Gandhi

Lorsque je travaillais à la rédaction de *Cry of the Earth, Cry of the Poor* en février 2016, j'ai lu et analysé systématiquement le livre très impressionnant de Naomi Klein, This Changes Everything: Capitalism vs. Climate. J'ai aussi lu et analysé l'encyclique remarquable du pape François sur l'environnement Loué sois-tu. Une encyclique que l'environnementaliste canadien de réputation internationale David Suzuki a trouvée si touchante et profonde qu'il a fondu en larmes en la lisant.

Klein et le pape François soutiennent, comme le font la plupart des écologistes, que nous devons changer radicalement notre vision du monde.

Ce même point avait été souligné avec force par le rapport Bruntland des Nations Unies (1987) et par le célèbre environnementaliste américain Bruce Rich dans son livre de 1994 *Mortgaging the Earth: The World Bank, Environmental Impoverishment, and the Crisis of Development.* Dans ce livre Rich affirme que le père spirituel de l'état d'esprit extractiviste est Francis Bacon (1561-1626), qui, dans l'esprit de la révolution scientifique en cours, envisageait la nature, et même la nature humaine, comme un simple objet qui pourrait un jour devenir parfaitement connaissable et contrôlable. Selon cette vision du monde, la nature n'apparaitrait que comme une sorte de machine globale que l'homme, par une connaissance et une manipulation toujours plus grande, pourra subordonner de plus en plus à ses propres fins.

Klein et le pape François soutiennent que nous devrions abandonner la vision du monde utilitariste de Bacon et adopter une vision du monde similaire à celle des indigènes. Autrement dit, cesser de considérer la nature comme un simple objet à dominer et à exploiter toujours plus, et la considérer plutôt comme la source de toute vie et comme une mère ou une sœur. Échapper à la crise environnementale qui s'annonce chaque jour plus menaçante et inéluctable, exige, selon eux, que nous revenions à la vision du monde autochtone selon laquelle nous ne faisons qu'un avec la nature. Nous devons accueillir la nature, reconnaître que nous en dépendons, et consentir à ses rythmes et à ses règles.

C'est en raison de leur vision du monde, affirme Klein, que les autochtones sont à l'avant-garde des nombreuses batailles en cours à travers le monde pour préserver l'environnement. Une vision du monde qu'ils ont gardé vivante « face aux bulldozers du colonialisme et de la mondialisation », menant la lutte « pour les droits reproductifs de la planète dans son ensemble – pour les montagnes décapitées, les vallées noyées, les forêts soumises aux coupes à blanc, les nappes phréatiques fracturées, les paysages défigurés par les mines à ciel ouvert, les rivières empoisonnées, les villages de cancer. »

Et le pape François, au tout début de son encyclique, cite saint François d'Assise (1181-1226) dont il adopta le nom. Saint François entrait en relation avec la planète Terre comme avec une sœur ou une mère ; il parlait aux plantes et aux animaux, les traitant avec respect et amour, affirme le pape François.

LE 29 OCTOBRE 2017, je parlais au téléphone avec Lise Labarre, une de mes amies qui est membre de la communauté religieuse Filles de Saint-Paul.

« Hier, j'ai assisté aux funérailles de Gregory Baum. C'était un enterrement d'une beauté incroyable. Tu aurais du voir, Ovide, tout le monde qui assistait et qui lui rendait hommage. La quasi-totalité de la gauche chrétienne de Montréal était présente à l'église Saint-Pierre-Apôtre. De très beaux chants et des moments de silence longs, profonds et très significatifs », me raconte Lise, émue.

Dans les minutes qui ont suivi notre conversation, j'ai acheté l'autobiographie spirituelle de Gregory Baum, *The Oil Has Not Run Dry: The Story of My Theological Pathway*. J'ai dévoré ce livre que Baum a publié il y a un an - il avait alors 93 ans et l'ai lu en moins de 24 heures.

Baum était un théologien bien connu, un homme du calibre intellectuel d'autres théologiens de renom tels que Karl Rahner et Hans Küng. Comme celle de ces derniers, son influence sur les réformes du concile Vatican II initiées dans l'Église catholique par le pape Jean XXIII en 1962 fut substantielle.

Baum était un ardent promoteur de l'œcuménisme. Quelqu'un qui privilégiait constamment la largesse d'esprit, le respect mutuel et le dialogue; qui accueillait la contribution des intellectuels de toutes les écoles de pensée. À une époque où la plupart des membres de l'Église catholique soutenaient qu'en dehors du catholicisme il n'y a point de salut, Baum affirmait que les juifs, les protestants, les musulmans, les hindous et les indigènes n'avaient pas besoin de se convertir au catholicisme pour sauver leurs âmes. Il soutenait que lorsque les personnes de diverses croyances et visions du monde apprennent à se respecter les unes les autres ; lorsqu'elles abandonnent l'attitude – j'ai parfaitement raison et tu as tort! – et acceptent d'entrer en dialogue en adoptant une attitude d'ouverture, de bienveillance et de confiance, alors un changement se produit. Des liens se créent et se développent et à travers ceux-ci surgissent de nouvelles ouvertures, de nouvelles perspectives et un respect mutuel toujours croissant. On découvre qu'en fin de compte il y a beaucoup plus de choses qui nous unissent qui nous séparent.

C'est avec joie et soulagement que Baum accueillait la nomination du pape François. Comme Baum, le pape François promeut aussi l'œcuménisme et soutient que ce qui importe, ce n'est pas tant d'imposer avec autorité dogmes et règles, mais plutôt de mettre en pratique les principales valeurs évangéliques: l'amour, l'accueil, la compassion et la miséricorde. Prioriser l'affirmation de dogmes et de règles, affirme le pape François, peut en effet constituer un mur, un obstacle, entre chrétien et non-chrétien, entre pasteur et paroissiens. Cela peut représenter le contraire de l'amour évangélique.

Un jour un jeune catholique pose la question suivante au pape François:

«Que dois-je dire à mon grand ami universitaire qui est athée? Que dois-je dire afin qu'il change, afin qu'il se convertisse? »

Et le pape François de répondre: « La dernière chose à faire c'est de dire quoique ce soit. Tu dois simplement essayer d'être fidèle à l'Évangile. Si ton ami en vient éventuellement à t'interroger sur ton comportement, alors tu pourras t'expliquer et laisser le reste à l'Esprit Saint. (...) Nous sommes témoins de l'Évangile. Le prosélytisme n'est pas évangélique. »[3]

---

[3] Papa Francesco: "Ho pianto per i rohingya. Volevano cacciarli dal palco, ma mi sono arrabbiato", Paolo Rodari, La Repubblica, le 2 décembre, 2017. Ma traduction de l'italien.

LE 23 NOVEMBRE 2017, j'assistais au lancement de livre d'un vieil ami, Dominique Boisvert. Dominique publiait deux livres simultanément, l'un représentant son autobiographie spirituelle – *En quoi je croîs: petit essai d'autobiographie spirituelle*[4] – et l'autre portant sur la non-violence, *La nonviolence: une arme urgente et efficace.*[5] En commentant ce dernier livre, Dominique expliquait que selon Mohandas Karamchand Gandhi, le plus grand promoteur de la non-violence au monde, ce dernier terme se réfère non seulement à l'absence de violence dans la lutte pour la justice, mais aussi et surtout, à une vision globale du monde. Pour décrire la non-violence, Gandhi utilisait généralement le mot sanskrit «satyagraha» (force de la vérité) ou le mot sanskrit «ahimsa» (refus de nuisance à l'égard de toute vie), « une attitude qui dépasse largement la seule absence de violence »[6]

****

Lorsque je considère ma vie avec la rétrospective que me permettent mes 75 ans, je suis profondément étonné et impressionné de constater jusqu'à quel point les cinq attitudes ou visions du monde que je viens de mentionner ci haut se ressemblent.

Carl Rogers soutient essentiellement que le succès de la thérapie dépend de la qualité de la relation que le psychothérapeute parvient à établir avec son client. Regard positif inconditionnel, empathie, acceptation, congruence et foi profonde dans la personne: telle est la philosophie de

---

[4] Publié par Novalis en 2017. Le mot «crois» en français signifie croire. Quand, cependant, il est écrit avec un accent sur le i 'croîs', il signifie grandir ou croître. Dominique a volontairement utilisé un accent pour symboliser le fait que sa foi n'est pas statique, mais qu'elle évolue et grandit constamment.

[5] Écosociété, Montréal, 2017.

[6] *La nonviolence: une arme urgente et efficace,* Écosociété, Montréal, 2017, p. 16.

base ou la vision du monde de Rogers. Et une thérapie réussie, explique Rogers, signifiera que le client deviendra plus personnel, plus proche de ses émotions et de son moi profond, apprendra à s'aimer et à s'apprécier, sera capable de percevoir ce que chaque situation et chaque personne comportent d'existentiel et unique, sera capable d'établir des relations profondes avec les personnes qui l'entourent, deviendra moins absolu et tranchant dans ses opinions et plus flexible, nuancé, et créatif.

Aimé Forest adopte une vision du monde similaire. Mais son regard ne se limite pas, comme Rogers, aux personnes que rencontrent un thérapeute en entrevue, ou aux relations interpersonnelles en général, mais porte sur l'ensemble des êtres, sur tout ce qui existe. Forest insiste sans cesse sur l'importance, dans notre rencontre avec l'être, d'adopter une profonde attitude d'ouverture et d'accueil universel, une attitude qu'il appelle «le consentement à l'être». Pour découvrir l'unité et le sens de l'être nous devons adopter, dit-il, une approche contemplative ou méditative. Seule une telle approche, pleine d'ouverture, d'empathie, de bienveillance, et de foi, nous permettra d'établir une relation profonde avec choses et personnes, et de faire l'expérience de ce que Forest appelle l'intuition de l'être. Une expérience qui nous permet d'atteindre à la fois ce que chaque être individuel a d'existentiel et unique, et ce qu'il a d'universel et absolu. Une expérience qui représente à la fois présence et appel.

Les écologistes affirment que le changement climatique, sans aucun doute la menace la plus urgente et la plus menaçante pour toute vie sur terre, provient du type de relation que les humains ont établi avec la nature. Et pas seulement avec la nature mais aussi entre eux: esclavage, colonialisme, etc. Nous devons changer de récit, changer de paradigme, insistent-ils. Nous devons apprendre à entrer en relation avec la nature de façon différente. Ne pas réduire celle-ci à un simple intrant dans un processus de production. Ne pas réduire non plus la main d'œuvre humaine à un simple intrant dans ce processus. Établir un nouveau rapport avec le monde, un rapport dans lequel la course pour « avoir toujours plus » est remplacée par la quête « d'être de plus en plus» ; dans lequel la course pour « consommer toujours plus » est remplacée par la quête « d'entretenir et développer des relations toujours plus profondes ». Cela signifie redécouvrir la sagesse profonde du mode de vie indigène où la nature n'est pas perçue comme un simple intrant dans le processus de production, une chose qu'on utilise puis jette à la poubelle, *mais comme quelque chose de sacré*, quelque chose de vivant et dont les droits reproductifs doivent être respectés; où la nature est considérée comme une mère ou une sœur, une personne avec laquelle nous entrons en relation avec émerveillement et respect, une personne que nous cherchons à promouvoir.

La vision du monde fondamentale du théologien catholique Gregory Baum repose également sur l'adoption d'un nouveau type de relation. Avant les réformes du concile Vatican II, comme indiqué plus haut, les catholiques croyaient généralement qu'en dehors de l'Église catholique, on vivait dans l'erreur et qu'il n'y avait point de salut.

« Le dialogue œcuménique n'est pas un engagement purement humaniste apportant de nouvelles informations. Il s'agit d'un processus spirituel dans lequel la perception de soi des personnes qui entrent en dialogue se transforme. *Le point de départ est un acte d'amour qui nous pousse à garder le silence, à écouter les autres, à essayer de comprendre leurs aspirations et à regarder la réalité de leur point de vue »*, affirme Baum.[7]

Et Baum de citer le philosophe juif d'origine autrichienne Martin Buber, quelqu'un qui fut aussi une source d'inspiration pour Carl Rogers:

« Dans son livre *Je et tu*, Martin Buber montre qu'écouter avec empathie 'l'autre' nous fait prendre conscience du mystère de 'l'autre' et nous permet de percevoir ce qu'il y a de plus profond en lui – une prise de conscience qui nous change, auditeur, et qui en même temps libère 'l'autre'. Dans le dialogue œcuménique, écouter les autres et se mettre à leur place représente un geste d'amour et d'humilité. Nous découvrons que nous avions des préjugés à leur égard et sommes maintenant prêts à nous ouvrir à la vérité. Nous découvrons également comment nous sommes perçus par les autres et ainsi acquerrons une vision autocritique. »[8]

Et finalement, comme nous venons de le mentionner, la vision du monde que propose Gandhi comme 'arme' dans nos luttes pour la justice sociale dépasse de beaucoup la simple abstention de violence. Aussi et surtout, *elle implique un type de relation avec le monde qui exprime la vérité la plus fondamentale – la force de la vérité – c'est-à-dire un accueil universel, un respect pour toute vie.*

---

[7] Chapter 4 – The Discovery of Ecumenical Dialogue, in *The Oil Has Not Run Dry: The Story of My Theological Pathway*, McGill-Queen's University Press, 2017. (Ma traduction de l'anglais)
[8] Chapter 4 – The Discovery of Ecumenical Dialogue, in *The Oil Has Not Run Dry: The Story of My Theological Pathway*, McGill-Queen's University Press, 2017. (Ma traduction de l'anglais)

CE QUI M'ETONNE ET M'IMPRESSIONNE AUSSI, c'est non seulement de prendre conscience de tout ce que les cinq attitudes ou visions du monde que je viens de mentionner ont en commun, *mais aussi et surtout du besoin urgent, dans la conjoncture actuelle, de nous approprier de ces visions du monde.*

Nous devons faire nôtres ces visions du monde afin de faire face aux changements climatiques de plus en plus menaçants. Deux exemples récents, parmi d'autres, de cette menace grandissante: « Les trois quarts des insectes dans les réserves naturelles en Allemagne ont disparu en 25 ans, avec des implications sérieuses pour toute vie sur Terre », rapporte The Guardian le 18 octobre 2017 – Warning of 'ecological Armageddon' after dramatic plunge in insect numbers. Et deux jours plus tard, le même journal rapporte: «Une étude historique révèle que la toxicité de l'air, l'eau, les sols et les lieux de travail tuent au moins 9 millions de personnes et coûtent des milliards de dollars chaque année » – Global pollution kills 9m a year and threatens 'survival of human societies'.

Nous devons faire nôtres ces visions du monde pour faire face aux nombreux conflits en cours, tant au niveau national qu'international, que ce soit en Irak, en Syrie, au Yémen, au Venezuela, en Libye, en Corée du Nord, etc., et pour résoudre la crise des réfugiés, immense et tout à fait historique, affectant actuellement le monde.

Affirme Dominique Boisvert: « Ceux que l'on appelait autrefois les réfugiés *politiques* (juste après la Seconde Guerre mondiale, au moment où s'est mis en place le droit international des réfugiés) ont été rejoints depuis par ceux qu'on a appelés les réfugiés *économiques*, puis par les réfugiées *sécuritaires*, et maintenant par les réfugiés *climatiques* ou *environnementaux*. (…) Il faut aussi ajouter à ces dizaines de millions de réfugiés les quelque 2,5 millions de personne qui seraient chaque année victimes de la 'traite des êtres humains', bien sûr totalement illégale et considérée par la communauté internationale comme la nouvelle forme que prend l'esclavage. (…) S'il y a un cas où la nonviolence n'a pas réponse à tout, c'est bien celui des migrations internationales. (…) Et pourtant, c'est précisément là que la nonviolence (…) est la plus pertinente. *Car c'est le développement d'une attitude d'ouverture et de respect inconditionnel (a priori) de tout ce qui est autre qui est la caractéristique la plus fondamentale de la nonviolence.* (Les italiques sont miennes)

« La peur de 'l'autre', spontanée chez plusieurs, ne peut se dépasser que par la rencontre : tant que l'autre n'est qu'une catégorie, un fantasme ou une somme de préjugés, il fait peur. Ce n'est qu'en devenant une personne réelle, avec un visage, un nom, un sourire et une poignée de main qu'il peut éventuellement devenir un humain comme moi ».[9]

Des centaines de millions de personnes à travers le monde ont besoin de s'approprier de ces visions du monde pour faire face au conflit intérieur qui les secoue. Des individus déchirés entre valeurs alternatives, et de plus en plus attirés par diverses formes de fondamentalisme, non seulement le fondamentalisme islamique, mais aussi le fondamentalisme chrétien et d'autres formes de fondamentalisme. Des individus quotidiennement immergés dans un mode de vie

---

[9] *La nonviolence: une arme urgente et efficace*, Écosociété, Montréal, 2017, p. 77-78. Dans son numéro spécial de décembre 2017, The Economist décerne son prix «pays de l'année» à la France sous Emmanuel Macron. Il affirme: « La lutte entre visions ouvertes et fermées de la société pourrait s'avérer l'enjeu politique le plus important dans le monde dans la conjoncture actuelle. La France a affronté ceux qui voulaient ériger des barrières et les a vaincus. C'est pour cela, que nous la choisissons comme notre pays de l'année. » (Ma traduction de l'anglais)

dont la vitesse et les exigences semblent toujours croissantes, un mode de vie qui apparaît de plus en plus comme une course insensée et irrationnelle.

Nous devons faire nôtres ces visions du monde pour trouver l'équilibre et la sagesse dans une situation où la technologie évolue rapidement, dans un monde de robots, d'intelligence artificielle, de téléphones intelligents, de drones, de communication Internet instantanée. Un monde qui, selon certains, offre d'immenses espoirs de progrès, mais selon d'autres menace de détruire ce qui est le plus humain et le plus précieux dans la vie.

Témoignages d'ex-étudiants

Au moment même où je rédigeais les lignes ci-dessus, j'ai vu arriver sur mon ordinateur un courriel d'Alexandre Poupart, un étudiant que j'avais au collège Dawson en 2001 et qui participait aux Études Nord-Sud. Comme je n'avais pas eu de nouvelles d'Alexandre depuis qu'il avait quitté Dawson en 2002 – il assistait cependant à l'événement organisé pour fêter ma retraite en 2011 – j'ai trouvé son courriel particulièrement émouvant et touchant:

Le 22 novembre 2017

Hola Ovidio![10]

Cet après-midi, je suis tombé sur les journaux que nous avons publiés suite à notre stage – Les Études Nord-Sud – au Nicaragua en décembre 2001. J'ai relu mon journal personnel. Je me suis replongé au cœur de Las Pozas. Je relisais mes commentaires et certains d'entre eux m'ont fait sourire. Être si jeune et penser que je connaissais/comprenais les subtilités de la complexité de la

---

[10] Les étudiants dont les témoignages apparaissent dans cette section m'ont permis de les publier. J'ai traduit de l'anglais les témoignages de Naomi et Valentina.

situation du Tiers-Monde (comme on l'appelait). J'ai repensé à toi et à ton support sans borne.

Si au moment de la publication de nos journaux je ne maitrisais pas l'espagnol, aujourd'hui, je suis plongé dans le récit d'Ena. Je la vois maintenant docteure (nous sommes amis Facebook) et je sais que tu as joué un rôle marquant dans sa réussite.

Je repense aussi à ton havre de paix. C'était tellement accueillant et les éléments de la nature dont tu disposais me rejoignent tellement encore – le lac, le ski de fond, la nature et cette denrée sucrée qui coule des érables (j'essaie à chaque année d'en entailler un ou deux chez nous juste pour expliquer à mes trois enfants que le sirop que nous mangeons quotidiennement ne provient pas de l'épicerie). Je pense qu'au-delà de l'expérience du Nicaragua, j'ai appris de ta simplicité. (J'espère que je vois juste, si non sans rancune)

J'aurais aimé te dire ça lorsqu'on a célébré ta retraite mais il faut croire que ma réflexion n'était pas assez mûrie. Tu as été un coach et un mentor (par ton exemple) et je me souviens de me dire qu'un jour je voudrais faire comme toi: accompagner des groupes, aider les autres à s'ouvrir sur l'Autre, leur faire comprendre que notre monde est inter-relié et complexe,... Ce que tu as fait est très important! Tu as, à ta façon, préparer des citoyens pour qu'ils soient engagés, ouverts et critiques.

Bref, même si j'ai pris mon chemin propre, je voudrais te partager un truc :

En 2013, je me suis envolé de nouveau vers le Nicaragua avec un groupe mais cette fois, comme accompagnateur externe avec des jeunes du secondaire. Nous étions bien encadrés par notre partenaire, Mer et Monde de Montréal. Nous sommes d'ailleurs assez proches d'eux!

Je ne sais pas les dernières nouvelles que je t'avais données mais voici :

Je travaille toujours dans le milieu communautaire! Depuis maintenant presque deux ans, je suis agent de développement pour la Corporation de développement communautaire de Beauport (https://www.cdcbeauport.ca). Je travaille donc à mettre en lien des acteurs et tenter d'améliorer, un petit geste à la fois, la qualité de vie des gens dans le besoin, que ce soit par des projets locaux collectifs ou en appui à un de nos 44 organismes membres directement en lien avec les citoyens.

Parallèlement à ça, je suis nouvellement conseiller municipal au Lac-Delage, mon nid familial.

Je n'ai surtout pas perdu le goût de l'international. D'ailleurs, l'été passé, nous sommes partis un mois, sacs à dos, avec nos trois enfants (2, 5, et 6 ans) en République dominicaine. Nous avons principalement séjourné chez nos contacts locaux (ma conjointe a fait son terrain de maîtrise là-bas) dans les montagnes. Ce fut tellement une belle expérience et toute la famille en reparle avec les lumières dans les yeux.

Bon, assez parler de moi! L'idée première de ce long récit était de prendre de tes nouvelles. Donc, comment te portes-tu?

Abrazo y espero que un día, nuestros caminos van a juntarse de nuevo, (Je t'embrasse et j'espère qu'un jour nos chemins se croiseront à nouveau)

Alexandre

****

Le courriel d'Alexandre est très semblable à beaucoup d'autres que j'ai reçus au fil des ans d'anciens étudiants. Par exemple, Naomi Shrier, en quittant le Collège Dawson en mai 2008, m'envoyait le courriel suivant:

18 mai 2008

Salut Ovide!

Je ne pouvais vraiment pas quitter Dawson sans te dire quelques mots, qui peuvent essentiellement se résumer à 'merci'.

Merci d'abord pour tout ton travail acharné, ton cœur chaleureux et ton dévouement. Merci de m'avoir fourni une mine de connaissances que je n'oublierai jamais. Merci de m'avoir permis de participer dans un stage qui a beaucoup marqué ma vie. Merci d'être toi (sans connotation sirupeuse !).

Mon expérience à Dawson n'aurait pas été la même si tu n'en avais pas fait partie. J'apprécie tout ce que tu as fait pour notre programme et j'admire vraiment ton caractère. Tu as vécu à la fois des situations difficiles et de grandes merveilles – comme la plupart du monde au cours de leur vie – mais tu as été assez généreux pour partager celles-ci avec nous, ce que je reconnais être à la fois exigeant et impressionnant. Partager tes expériences avec nous a certainement contribué à enrichir considérablement notre expérience d'apprentissage ; je pense que je ne pourrai peut-être jamais rencontrer une autre personne où se conjuguent une quantité aussi incroyable de connaissances et une quantité aussi grande d'expériences vécues.

Tu m'as réellement inspiré, et je te le dis en toute honnêteté. J'espère pouvoir au cours de ma vie offrir à au moins une personne – sans parler de trente comme dans notre groupe! – le genre d'expérience que tu m'as permis de vivre. Tu as eu une influence positive sur la vie de nombreux étudiants et je suis certaine que tu vas continuer en avoir.

Ovide, je pourrais continuer indéfiniment mais je préfère ne pas écrire comme si c'était la dernière fois que je te verrai! J'espère que nous trouverons l'occasion de nous retrouver ensemble pour un bon café, ma gracieuseté!

J'espère que mes paroles ont rendu justice à mes pensées.

Merci une dernière fois pour l'une des meilleures expériences de ma vie.

Passe un été reposant et relaxant et mes meilleurs souhaits pour les années à venir.

Porte-toi bien !

Naomi

****

Et Valentina Solkin, qui participait au stage au Nicaragua en décembre 2006, m'envoyait le courriel suivant le jour de Noël 2011:

Ovide!

Belle personne que tu es... Merci!

Merci pour tout ce que tu as fait, pour tout ce que tu as partagé.

Nombreuses sont les personnes que tu as inspirées, dans leur esprit et leur cœur, par ta gentillesse, ta très grande attention, et ton engagement. Tu as véritablement offert un don infini à la vie des autres, et ce simplement par ce que tu es, et par les belles valeurs qui t'animent.

Comme enseignant, ami, et source de sagesse durable, tu as agi comme guide pour tant de personnes, les orientant vers l'amélioration et le dépassement.

Je n'oublierai jamais le Nicaragua, ni toutes les conversations que j'ai eues avec toi tout au long de mes années à Dawson. Pour moi tu m'es toujours paru comme 'chez-nous' (home). Un endroit accueillant et familier, où tout est accepté et embrassé.

J'ai appris à être fier de qui j'étais grâce à ton influence, et à valoriser mon engagement personnel et mon dévouement pour un monde meilleur.

Grâce à l'attention que tu portes à autrui, tu m'as appris les voies de la compassion et de la patience...

Et pour cela, je serai toujours reconnaissant pour tout ce que tu es.

Avec tout mon amour,

Valentina

BIEN QU'IL SOIT TENTANT DE PRENDRE tout le mérite pour les éloges que me font bon nombre de mes ex-étudiants, je crois que cela a beaucoup à voir avec la vision du monde que j'ai reçue dans ma jeunesse. *Je crois que j'ai simplement donné ou transmis à d'autres, et en particulier aux étudiants comme Alexandre, Naomi et Valentina, ce que j'avais reçu quand j'étais jeune.*

L'amour et la chaleur de ma mère et de mon père, qui avaient très peu d'éducation formelle, et de mes quatre frères et quatre sœurs sur la ferme où j'ai vécu mon enfance près de Windsor, en Ontario.[11]

---

[11] Il serait exagéré d'affirmer que lorsque j'étais jeune, j'avais l'esprit œcuménique de Gregory Baum. Au milieu des années 1960, mon frère Leonard était amoureux d'une jeune femme qui n'était pas catholique. Pratiquement tous les membres de notre famille – et cela m'inclut! – ont exercé une pression immense sur lui jusqu'à ce qu'il abandonne finalement cette femme et commence à fréquenter une catholique qu'il a fini par épouser. Épouser quelqu'un en dehors du catholicisme était

L'idéal que j'ai eu pendant les huit années que j'ai passées au séminaire à étudier pour devenir prêtre dans la communauté des Oblats de Marie Immaculée et la formation que j'ai reçue en philosophie à Ottawa et en théologie à Rome.

L'influence que l'étude de Carl Rogers et d'Aimé Forest a eue sur moi durant cette période et celle de mes nombreux professeurs; des enseignants pour lesquels transmettre la matière en classe ne représentait qu'une partie de l'éducation; des enseignants dont la principale préoccupation était de développer les valeurs des étudiants, de former leur caractère, de leur apprendre à s'engager envers les autres, et en particulier envers les marginalisés et les nécessiteux; des enseignants qui rencontraient régulièrement leurs étudiants individuellement dans ce qu'on appelait alors la direction spirituelle.

Je me souviens quand le père Jacques Croteau, le prêtre oblat qui était alors mon directeur spirituel, m'a suggéré de commencer à écrire un journal. Mes pensées personnelles, et aussi, occasionnellement, mes méditations. J'ai suivi son conseil et la tenue d'un journal intime est devenue partie prenante de ma vie. Tellement, que plus tard j'ai communiqué aux étudiants des Études Nord-Sud l'amour de tenir un journal intime pendant les stages au Nicaragua.

Le père Jacques Croteau nous enseignait un cours intitulé « Pluralisme ». Le but de ce cours de philosophie était d'explorer les valeurs auxquelles on pouvait adhérer, mais qui seraient si larges et profondes que les personnes de religions et croyances diverses, y compris celles qui ne croient pas en Dieu, puissent vivre et travailler ensemble dans le respect mutuel, la paix et l'harmonie.

---

considéré comme quelque chose de terrible et de totalement inacceptable dans ma famille à cette époque!

Je me souviens encore avec affection des nombreuses heures que Léo Boudreau et moi avons passées avec le père Sylvio Ducharme, le prêtre oblat qui a dirigé nos mémoires sur Carl Rogers. Bien qu'il fût à la fin de la soixantaine, le père Ducharme, devenu fan de Carl Rogers, était toujours passionné par la recherche intellectuelle. Converser avec lui était une joie, et les heures que nous passions en sa présence à échanger sur Rogers passaient comme des minutes, comme des secondes.

Je me souviens aussi avec affection des nombreuses heures que j'ai passées avec le père Benoit Garceau, le prêtre oblat qui dirigeait nos mémoires sur Aimé Forest. Le père Garceau était aussi extrêmement passionné par la recherche intellectuelle, et il était un intellectuel remarquable et rigoureux, et un merveilleux mentor et ami.

De même que j'ai transmis à mes élèves ce que j'ai reçu quand j'étais jeune, Alexandre, Naomi et Valentina transmettent maintenant aux autres ce qu'ils ont reçu de leur expérience dans Les Études Nord-Sud au Collège Dawson.

Section II - Le conflit entre subjectivité et objectivité tel que vécu et solutionné par Carl Rogers

Je reproduis, dans ce qui suit, le mémoire que j'ai soumis en décembre 1965 à mon directeur de thèse, le père Sylvio Ducharme, du département de philosophie de l'Université d'Ottawa. Je l'ai légèrement modifié pour inclure des informations provenant d'un autre article que j'ai écrit sur Carl Rogers en janvier 1968, alors que j'étais étudiant de théologie à l'Université de St. Thomas à Rome.

Chapitre 1 - Sens et limites de ce mémoire

Carl Rogers: sa vie, son influence

Carl Rogers est né à Chicago le 8 janvier 1902. Au début de son adolescence, il développe, à cause de certaines expériences dans l'agriculture que son père lui a permis d'effectuer, ce qu'il appelle «un sentiment fondamental pour la science».[12] Après une période où il explore l'agronomie, son intérêt se tourne soudainement, «à la suite de conférences d'étudiants très émotives», vers celui du ministère religieux.[13]

Cependant, après s'être impliqué dans l'étude de la théologie au Union Theological Seminary, il décide finalement de changer d'orientation. Ce changement est déclenché par un séminaire qu'il a suivi avec quelques-uns de ses camarades et dans lequel ils ont entrepris «d'explorer

---

[12] André de Peretti, *Carl Rogers ou les paradoxes de la présence*, in Études, janvier 1967, T. 326, p. 24.

[13] Carl R. Rogers, *On Becoming a Person*, Boston: Houghton Mifflin, 1961, p. 6.

... (leurs) propres questions et doutes» afin de découvrir «jusqu'où ils mèneraient». Ils me menèrent, explique Rogers, à tout simplement «abandonner le travail religieux».[14]

« Je sentais que les questions sur le sens de la vie et la possibilité de travailler à l'amélioration de la vie d'individus m'intéresseraient probablement toujours, mais que je ne pourrais pas me consacrer à un domaine où on exigerait que j'adhère à une doctrine religieuse spécifique. Mes croyances avaient déjà énormément évolué et pourraient continuer à changer. Il me semblait que ce serait une chose horrible d'avoir à professer un ensemble de croyances, afin de rester dans sa profession. Je voulais trouver un terrain dans lequel je pouvais être sûr que ma liberté de pensée ne serait pas limitée. »[15]

Ayant ainsi abandonné le ministère religieux, Rogers se tourne vers l'étude de la pédagogie et de la psychologie clinique, et trouve dans cette dernière son orientation permanente.

Il s'ensuit une période de douze ans à Rochester au cours de laquelle Rogers se consacre à «un travail pratique de psychologue – le diagnostic et l'élaboration de thérapies pour enfants délinquants et défavorisés» – et développe, assez inconsciemment, une approche thérapeutique nouvelle et tout à fait distinctive. [16] C'est seulement quand il accepte un poste à l'Ohio State University en 1940 et constate les fortes réactions que son enseignement provoque chez les étudiants, qu'il commence à se rendre

____

[14] Carl R. Rogers, *On Becoming a Person*, Boston: Houghton Mifflin, 1961, p. 7-8.

[15] Carl R. Rogers, *On Becoming a Person*, Boston: Houghton Mifflin, 1961, p. 8.

[16] Carl R. Rogers, *On Becoming a Person*, Boston: Houghton Mifflin, 1961, p. 13.

compte que son approche en psychothérapie est bel et bien original et différente.

Lorsque, dans son livre de 1942, *Counseling and Psychotherapy*, il tente d'expliquer et de défendre cette nouvelle approche, il est étonné de voir le succès immédiat et remarquable de son œuvre. En 1961 les ventes atteignent environ 70 000 exemplaires et elles se poursuivent!

De 1928 à 1958 Rogers se consacre au travail clinique, passant de 15 à 20 heures par semaine dans des entrevues privées avec des clients, et s'efforçant de les aider à surmonter leur détresse ou leur inadaptation.[17] Pendant toutes ces années, il s'implique également de plus en plus dans la recherche en psychothérapie, une recherche dont la qualité est telle qu'il se voit octroyer, en 1956, le prix Distinguished Scientific Contribution décerné par l'American Psychological Association.[18]

L'influence de Rogers est considérable et s'étend à de nombreux domaines. Tout d'abord, bien sûr, à la psychothérapie mais aussi à l'éducation, la pastorale, la gestion industrielle et la dynamique de groupe, un mouvement dont la popularité augmente rapidement ces dernières années. Partout où il s'agit de relations interpersonnelles, Rogers, en raison de sa longue expérience de la dynamique intérieure des personnes, a quelque chose à dire. Qu'ils s'agissent de relations au sein de la famille, de relations interraciales, ou de relations nationales ou internationales, on cherche constamment ses conseils.

****

---

[17] Carl R. Rogers, *A Theory of Therapy, Personality, and Interpersonal relationships as developed in the client-centered framework* (Ci-après je dénomme ce livre *A Theory of Therapy…*). p. 188

[18] Carl R. Rogers, *On Becoming a Person*, Boston: Houghton Mifflin, 1961, 420 pp.

Je dois avouer que ma rencontre avec Carl Rogers, bien que limitée à ses écrits, m'a profondément marqué. Il m'a amené à modifier ma façon d'entrer en communication avec les personnes que je rencontre chaque jour, et aussi la façon d'entrer en communication avec moi-même.

Cette modification a été provoquée par une prise de conscience soudaine que j'ai vécue. Peu à peu je me suis rendu compte que dans ma vie quotidienne concrète, je me permettais rarement d'être authentiquement compréhensif des personnes que je rencontrais. Et quand j'ai changé d'attitude et que j'ai commencé à écouter en profondeur, j'ai ressenti une certaine instabilité mêlée à un sentiment d'anxiété.

Mon instabilité et mon anxiété provenaient de ce qui se passait lorsque je commençais à écouter consciemment en profondeur. Se sentant accueillis et compris, les gens s'ouvraient à moi, et cela avec une profondeur que je trouvais déconcertante et même parfois troublante.

De même que faire face à son propre moi profond exige beaucoup de courage, la rencontre, authentique et profonde, du moi de l'autre, exige aussi beaucoup de courage.

Avec le temps, l'instabilité et l'anxiété que je ressentais lorsque les autres s'ouvraient à moi en profondeur, ont lentement disparu. Et maintenant je dois admettre que je suis très heureux d'avoir subi ce changement et que je ne voudrais jamais revenir à ce que j'étais auparavant.

Dans un mémoire de maîtrise, les paragraphes précédents peuvent peut-être sembler au lecteur un peu bizarre et même quelque peu déplacés. Je ne pense pas que ce soit le cas. Il eût été possible de poursuivre l'étude de Carl Rogers en n'obtenant qu'une compréhension purement théorique, et non pas expérientielle, des vérités fondamentales qu'il a saisies. Heureusement, je ne crois pas que cela ait été mon cas. Rogers m'a rendu beaucoup plus sensible au caractère sacré de chaque personne: des trois personnes divines,[19] de mon prochain et de la personne que je suis.

Pour cette raison, je lui serai toujours reconnaissant.

Objectif et limites de ce mémoire

Je voudrais que ce mémoire soit essentiellement un dialogue, pas un monologue. Si Rogers me lisait, j'aimerais qu'il se sente profondément compris; qu'il constate que je comprends vraiment ce qu'il veut dire. Je voudrais qu'il sache que je ne 'sais pas tout'. Que je me sens très petit devant la réalité, devant la vie, devant la vérité. Que je poursuis aussi la vérité modestement et ce à travers beaucoup de difficulté et de tâtonnement. Que je l'apprécie infiniment en tant que personne, peu importe ce qu'il pense, fait ou dit, et aussi à cause de ce qu'il pense, fait ou dit. Que ma première intention, en le jugeant sur un point particulier, n'est pas d'essayer de régler les choses une fois pour toute, mais simplement de me rapprocher de la vérité qu'est la vie dans toute son intensité et existentialité.

Le lecteur peut se demander ce qu'un étudiant en philosophie, et quelqu'un dont les connaissances en psychologie sont superficielles et qui est complètement privé de toute expérience en psychothérapie, pourrait bien avoir à dire sur une orientation psychothérapeutique particulière telle que la thérapie centrée sur le client de Rogers.

Je répondrais que, d'un côté, un tel étudiant aurait très peu à dire, mais qu'à un autre égard, il aurait beaucoup à dire.

---

[19] **Note ajoutée en 2017**. Je trouve étrange que je me réfère, dans une thèse de maîtrise en philosophie, aux trois personnes divines. Et que j'affirme que Rogers, qui dit avoir abandonné le ministère religieux parce qu'il ne pouvait pas croire en un ensemble de doctrines religieuses fixes, m'a aidé à découvrir le caractère sacré des trois personnes divines. Ma vie entière était alors centrée sur Dieu, j'étudiais pour devenir prêtre et mon directeur de thèse était prêtre!

Dans la mesure où un étudiant en philosophie considère la psychothérapie en tant que psychothérapie, seul le silence lui convient. Bien qu'il étudie l'être en tant qu'être et embrasse donc tout l'être dans son objet formel – en d'autres termes, étudie tout ce qui existe –, le philosophe ou le métaphysicien ne parvient pas à connaître, par ce simple fait, tout à propos de tout. Au contraire, son amour de la sagesse devrait le conduire à respecter tous les différents champs de connaissance, en reconnaissant ce qui est propre et spécifique à chacun.

Ainsi, le meilleur juge d'un psychothérapeute en tant que tel est un autre psychothérapeute, pas un philosophe. Le rôle de ce dernier intervient précisément à ce moment où une approche psychothérapeutique implique certains postulats philosophiques, comme elle le fait indéniablement. A cet égard, un philosophe a beaucoup à dire. En effet, il est même de son devoir de se prononcer, de juger et d'évaluer de manière critique.

Ce qui m'amène à un autre point que je voudrais faire valoir.

Au cours de mes deux dernières années d'études en philosophie, je me suis graduellement rendu compte, grâce à un professeur pour lequel j'ai une grande estime, qu'on ne peut jamais comparer et contraster la pensée d'un auteur avec celle d'un autre auteur, sans d'abord en venir aux prises avec sa propre pensée personnelle. Autrement dit, il serait impossible d'évaluer de façon critique la pensée de Carl Rogers en comparant simplement ses idées à celles d'Aristote ou de saint Thomas d'Aquin sans confronter simultanément les idées de Rogers à ses propres idées personnelles, aussi faibles et limitées soient-elles.

Apprendre à connaître la façon dont Rogers perçoit la vie et ses problèmes fondamentaux, m'a souvent amené à remettre en question mes propres convictions profondes. Une expérience qui m'a amené à faire face à ma propre ignorance et à vivre une profonde insécurité concernant de nombreuses questions, non seulement dans le domaine de la psychothérapie, mais aussi dans le domaine de ma propre spécialisation actuelle, la philosophie.

J'ai souvent fait le constat que la seule façon de progresser dans la connaissance consiste à passer de ce qui est plus évident à ce qui l'est moins. Cependant, poursuivre un tel chemin peut souvent s'avérer laborieux, long, et difficile: l'ignorance ne disparaît pas instantanément.

Je suis reconnaissant à Rogers d'avoir augmenté, à certains égards, ma conscience de ma propre ignorance. Il m'a permis de m'embarquer un peu plus sur le chemin ardu et parfois très épineux de la vérité, avec tous les efforts, les sacrifices et les hauts et les bas qu'implique une telle démarche.

****

Je voudrais terminer cette présentation en indiquant l'objectif plus spécifique de ce mémoire. Il est possible d'aborder la psychothérapie rogérienne sous plusieurs angles différents; j'ai choisi de m'interroger sur un problème qui a beaucoup intrigué Carl Rogers lui-même ces dernières années: la subjectivité et l'objectivité de la connaissance humaine. Ce problème a beaucoup préoccupé Rogers parce qu'il est au cœur de son expérience. D'une part, l'expérience du psychothérapeute qui rencontre régulièrement ses clients et tente de leur venir en aide (connaissance subjective), et d'autre part, l'expérience du scientifique qui cherche constamment à faire progresser le domaine de la psychothérapie (connaissance objective).

En lisant Rogers au cours des trois derniers mois, je suis devenu instinctivement mal à l'aise et perplexe avec certaines de ses affirmations, dont les implications philosophiques semblaient évidentes et problématiques. Je pouvais sentir le problème épistémologique auquel il faisait référence, mais je n'arrivais pas à le toucher du doigt, à l'identifier clairement.

J'espère que ce mémoire permettra d'articuler plus clairement le problème épistémologique vécu par Rogers et de répondre à un besoin qu'il a lui-même exprimé de façon assez explicite:

« Je vois un grand besoin de réflexion créative et de théorisation en ce qui concerne les méthodes des sciences humaines. Dans notre groupe, le sentiment général est que le positivisme logique dans lequel nous avons été professionnellement formés n'est pas nécessairement le dernier mot philosophique dans un domaine où le phénomène de la subjectivité joue un rôle si vital et si central. Avons-nous développé la méthode optimale pour saisir la vérité dans ce domaine? Y a-t-il un point de vue, peut-être issu d'une orientation existentielle, qui pourrait préserver les valeurs du positivisme logique et les avancées scientifiques qu'il a contribué à susciter, et, en même temps laisser plus de place à la personne subjective qui se trouve au cœur même de notre système de science? Il s'agit d'un rêve hautement spéculatif et d'un objectif peut-être intangible, mais je crois que beaucoup d'entre nous accueilleraient favorablement la personne ou les personnes qui arriveraient à développer une réponse provisoire à l'énigme. »[20]

Fortement encouragé par l'ouverture et le souhait si clairement manifestés ci-dessus par Rogers lui-même, je vais maintenant tenter d'analyser le conflit – subjectivité versus objectivité – qu'il a vécu et évaluer de façon critique la solution à laquelle il est arrivé.

Mais avant d'entreprendre cette tâche, et pour la mener à bien, je présenterai d'abord la théorie rogérienne de la

---

[20] Carl R. Rogers, *A Theory of Therapy*... p. 251.

thérapie, de la personnalité et des relations interpersonnelles, et je tenterai de dégager le point le plus central de toute son approche psychothérapeutique, c'est-à-dire, son intuition fondamentale.

Chapitre 2 - L'expérience psychothérapeutique de Rogers: son intuition fondamentale

Importance de saisir son intuition fondamentale
Après avoir passé trois mois dans une étude intensive de l'approche psychothérapeutique de Rogers, je suis devenu de plus en plus familier avec sa façon de penser. Ma préoccupation constante consistait à essayer de le comprendre vraiment. Bien que cette tâche se soit révélée très difficile, exigeant beaucoup de sensibilité et de patience, je crois que j'ai réussi jusqu'à un certain point.

Comprendre un auteur signifie saisir son intuition fondamentale, qui seule peut rendre la vie et le sens de la structure complexe de sa pensée. Cela signifie voir ce qu'il voit et la façon dont il le voit.

Je voudrais citer longuement ici Henri Bergson, plus précisément lorsqu'il décrit si merveilleusement bien la nature et l'importance de l'intuition fondamentale d'un auteur. Bien que Bergson se réfère à l'intuition philosophique, je ne vois pas pourquoi ce qu'il dit ne s'appliquerait pas, analogiquement bien sûr, à la pensée d'un psychothérapeute du calibre de Carl Rogers. En lisant et en découvrant Rogers, je me suis rendu compte que ce que Bergson avait affirmé s'appliquait, et de façon tout à fait remarquable, à Rogers.

Rogers a été marqué profondément par son expérience quotidienne en tant que psychothérapeute, une expérience qui a guidé non seulement sa recherche mais aussi toute sa vie. Ce qu'il voit n'est pas très compliqué; une fois compris, c'est fondamentalement simple. Cependant, il a passé toute sa vie à essayer d'exprimer sa vision, de la corriger constamment, de la peaufiner et de l'approfondir.

La citation suivante de Bergson reflète merveilleusement bien ce que j'ai vécu lorsque j'ai étudié Rogers au cours des trois derniers mois:

« (…) à mesure que nous cherchons davantage à nous installer dans la pensée du philosophe au lieu d'en faire le tour, nous voyons sa doctrine se transfigurer. D'abord la complication diminue. Puis les parties entrent les unes dans les autres. Enfin tout se ramasse en un point unique, dont nous sentons qu'on pourrait se rapprocher de plus en plus quoiqu'il faille désespérer d'y atteindre.

« Et ce point est quelque chose de simple, d'infiniment simple, de si extraordinairement simple que le philosophe n'a jamais réussi à le dire. Et c'est pourquoi il a parlé toute sa vie. Il ne pouvait formuler ce qu'il avait dans l'esprit sans se sentir obliger de corriger sa formule, puis de corriger sa correction: ainsi, de théorie en théorie, se rectifiant alors qu'il croyait se compléter, il n'a fait autre chose, par une complication qui appelait la complication et par des développements juxtaposés à des développements, que rendre avec une approximation croissante la simplicité de son intuition originelle. »[21]

En août dernier, lorsque je débutais la lecture de *On Becoming a Person* de Rogers, je ressentais immédiatement de l'admiration pour lui. Au fur et à mesure que j'avançais dans mon étude, je me rendais compte que sa pensée était plus complexe que je ne l'avais imaginé. D'une part, je remarquais que Rogers avait passé de nombreuses heures à écouter des entrevues enregistrées sur bande et qu'il s'appliquait, de façon méthodique et rigoureusement scientifique, à perfectionner ses compétences en tant que psychothérapeute. D'autre part, je notais que sa pensée avait évolué considérablement au cours des années et qu'il

---

[21] Henri Bergson, *La pensée et le mouvant*, 12e édition, Presses universitaires de France, Paris, 1941, p. 119.

avait été fortement influencé par John Dewey à travers William H. Kilpatrick, par Otto Rank, par Søren Kierkegaard, Martin Buber et par le positivisme logique.

Conscient de l'influence assez forte de ces derniers auteurs sur Rogers, j'avais tendance à réduire sa pensée à certaines influences qu'il avait subies. Dans tout ce que je lisais, j'identifiais rapidement des éléments qui semblaient provenir soit de Buber, soit de Dewey, ou encore du positivisme logique, etc.

Cependant, plus j'approfondissais mon étude, plus je saisissais l'unité de ses idées. Ce qui, au début, n'apparaissait que comme autant de morceaux séparés et disparates, se fondait de plus en plus dans un ensemble plus simple et cohérent. Et ce qui me semblait au début noir et blanc, commençait à apparaître plus nuancé; ce qui me semblait parfaitement correct ou tout à fait faux, commençait à apparaître plus différencié, et plus analogique.

Je suis convaincu que ce changement est survenu parce que je saisissais de plus en plus son intuition fondamentale.

Ainsi, je ne considère pas que cette première partie de mon mémoire, qui porte sur l'intuition fondamentale de Rogers, soit purement facultative et sans importance relativement à l'objectif principal de cette étude : l'analyse du conflit entre subjectivité et objectivité. Au contraire, je crois qu'elle est incontournable pour quiconque souhaite développer une compréhension authentique de Rogers.

Sans cette tâche préliminaire et difficile de compréhension, comment éviter le risque d'interpréter la pensée de Rogers non à partir de sa perspective mais à partir de la mienne ? Comment éviter de lire dans les mots de Rogers, non pas le sens qu'il leur accorde mais bel et bien le sens que je leur accorde ? Comment éviter d'isoler un passage de Rogers du reste de sa pensée, le coupant ainsi de son souffle de vie, de son esprit profond et de sa principale source d'intelligibilité?

Saisir l'intuition fondamentale d'un auteur, c'est développer une connaissance intime et profonde de l'ensemble de sa pensée. Cela signifie se familiariser avec les livres et articles principaux qu'il a écrit. Cela signifie passer des heures à méditer sur le sens de ce qu'il dit. Cela signifie se référer constamment à sa propre expérience personnelle, tenter de voir les liens que Rogers a vus, tenter de revivre soi-même, en quelque sorte, l'expérience vécue par Rogers.

C'est tout cela que j'ai tenté de faire, avec plus ou moins de succès. La synthèse suivante représente les résultats de cet effort.

L'intuition fondamentale de Rogers
Bergson prétend que l'une des meilleures façons de déterminer l'intuition fondamentale d'un auteur est d'essayer de trouver une image symbolisant aussi précisément que possible cette intuition. Malheureusement, dans le cas de Rogers, je n'ai pas réussi à trouver une telle image. Peut-être que cette dernière existe, et peut-être l'a-t-il même explicitement identifié en quelque part. Cependant, je ne l'ai pas vue, ou du moins, ne l'ai pas remarquée.

J'ai donc décidé de choisir une autre voie: je tenterai d'exprimer l'intuition fondamentale de Rogers en décrivant ce que je considère comme les principaux éléments de cette intuition et en me référant, dans cette description, aux thèmes et expressions les plus récurrents dans ses écrits.

Si on me demandait à brûle-pourpoint d'exprimer l'intuition fondamentale de Rogers en tant que psychothérapeute, je répondrais immédiatement ce qui suit: lorsque le thérapeute arrive à vivre une relation profonde avec son client – caractérisée par l'empathie, le regard positif inconditionnel, l'acceptation, et la congruence et où le client est le centre d'attention – cela permet au client de grandir en maturité,

se reconnecter à lui-même et devenir son propre lieu
d'évaluation.

Lorsque j'examine l'évolution que Rogers a connue au
cours des 37 dernières années, cette vérité s'impose
immédiatement à moi; toute sa carrière semble ne
représenter que l'approfondissement de cette orientation
fondamentale.

Et lorsque je contemple sa pensée dans son ensemble, je
suis de nouveau obligé de reconnaître la priorité de cette
vérité. C'est la seule vérité à laquelle tout ce qu'il dit peut,
en un sens, être réduit, mais qui, selon lui, ne peut être
réduite à rien d'autre. Elle représente le cœur et l'âme de
son approche psychothérapeutique, fournissant couleur,
force et vigueur à tous ses divers éléments.

Dans un premier temps je vais décrire en détail les qualités
de la relation que le thérapeute doit développer avec son
client. Ensuite je vais analyser ce qui se passe chez le
client, selon Rogers, grâce à cette relation particulière que
le thérapeute réussit à vivre avec lui. Enfin je vais expliquer
la théorie rogérienne de la personnalité et des relations
interpersonnelles qui est sous-jacente à son approche
thérapeutique.

Centré sur le client, non sur la théorie

Se centrer sur le client signifie que lorsque le thérapeute vit
une relation avec son client, le seul absolu, pour ainsi dire,
dans cette relation c'est le client lui-même. (Je n'ai jamais
vu Rogers utiliser le mot absolu dans ce contexte, mais je
suis sûr que cette expression reflète bien sa pensée).
Absolue signifie ici le centre d'attention, la valeur la plus
élevée.[22]

---

[22] Carl R. Rogers, *Client-Centered Therapy: Its Current Practice,
Implication, and Theory*, p. 35. (Ci-après dénommé *Client-Centered
Therapy*)

Dans d'autres orientations psychothérapeutiques comme, par exemple, dans l'approche freudienne, les thérapeutes concentrent souvent leur attention sur la théorie à laquelle ils adhèrent plutôt que sur le client lui-même, avec pour résultat qu'ils finissent par forcer, plus ou moins consciemment bien sûr, tous les problèmes dans l'orbite de cette théorie. Au tout début de sa carrière, Rogers a vivement critiqué une telle approche.[23]

Rogers soutient catégoriquement qu'une telle approche doit absolument être évitée, car elle nuit carrément à la croissance de la personne et la dégrade dans son essence même, dans sa dignité.

En tant que thérapeutes, nous avons trop peu confiance dans les capacités de croissance présentes dans chaque personne, insiste Rogers.[24]

Au lieu d'être centrés sur la théorie, centrons-nous sur la personne. Au lieu d'entrer dans la relation dotés d'un bagage préconçu de théories et de catégories, accueillons le client en demeurant simplement la personne ordinaire que nous sommes. Trop souvent, nous avons peur, en tant que thérapeutes, d'être un simple être humain avec notre client. Donc nous nous cachons derrière notre profession, nous réduisons le client à un cas, un problème, un objet d'analyse et de diagnostic.[25]

Il n'est pas toujours facile d'être fidèle à soi-même, d'être authentique, de se permettre d'avoir et d'exprimer de véritables sentiments humains. En d'autres termes, d'être ce que Rogers appelle «congruent». Chaque fois que le thérapeute ose faire cela avec son client, il prend le risque

---

[23] Carl R. Rogers, *The Clinical Treatment of the Problem Child*, Boston: Houghton Mifflin, 1939, p. 334.
[24] Carl R. Rogers, *Counseling and Psychotherapy*, Boston: Houghton Mifflin, 1942, p. ix.
[25] Carl R. Rogers, *On Becoming a Person*, p. 52.

de changer et, dans les cas où l'approfondissement même de la relation mènerait à «un échec, une régression, ou un rejet», de se perdre ou de perdre une partie de soi-même.[26]

Compréhension empathique

Se centrer sur la personne signifie donc pour le thérapeute, accueillir le client en tant que personne, vivre une relation authentique avec lui ou elle. Mais cet accueil doit aussi comprendre de l'empathie, c'est-à-dire le thérapeute doit sans cesse faire l'effort de s'impliquer dans le monde subjectif et personnel du client, et manifester cette implication par la répétition ou la reformulation d'éléments-clés de ce qu'il exprime. Le thérapeute doit faire preuve d'une compréhension empathique, chercher à voir les choses dans le cadre de référence du client; à voir la réalité comme il la voit, à ressentir ses expériences avec tout le goût, la saveur et la couleur qu'elles ont pour lui.[27] Communier à son champ de valeurs, ses désirs, ses déceptions, ses peurs, ses espoirs et ses joies.

L'empathie, cependant, ne doit jamais être confondue avec la sympathie. Si le thérapeute sympathise avec son client, il *s'identifie* réellement à lui. Il ne réagit plus seulement aux sentiments du client comme s'ils étaient les siens, ils *sont bel et bien les siens.*[28] Ce n'est que dans la mesure où le thérapeute parvient à ressentir ce que le client ressent, mais à ne le ressentir que comme appartenant au client et non à lui-même, qu'il est authentiquement empathique.

L'empathie est au-dessus et au-delà de la sympathie et de l'antipathie; ces deux dernières attitudes sont au même niveau. L'empathie est plus profonde, et plus stable, et

---

[26] Carl R. Rogers, *On Becoming a Person*, p. 201-202.

[27] Carl R. Rogers, *Client-Centered Therapy: Its Current Practice, Implication, and Theory*, p. x. (Ci-après dénommé *Client-Centered Therapy.*

[28] Carl R. Rogers, *On Becoming a Person*, p. 202.

exige une grande sécurité personnelle et une profonde maîtrise de soi. Si elle est bien réalisée et communiquée au client, la relation thérapeute-client peut parfois « revêtir une grande profondeur, une forme d'extase » (acquires an 'out of this world quality… a sort of trance-like feeling") ».[29]

Le regard positif inconditionnel

En plus de se centrer sur la personne du client et de l'accueillir avec une compréhension empathique, le thérapeute doit aussi adopter envers son client ce que Rogers appelle «un regard positif inconditionnel». Plus exactement, il doit vivre, il doit faire pleinement sien ce regard.

Rogers insiste souvent sur le fait que le regard positif inconditionnel n'est pas quelque chose que le thérapeute peut adopter juste avant d'entrer dans son entrevue et ensuite abandonner en sortant de son bureau. Il insiste sur le fait qu'il est très difficile d'adopter une attitude de regard positif inconditionnel, et que cette attitude est plus dans l'ordre de l'être que dans celui de l'avoir. On ne peut pas *prétendre* accepter et accueillir l'autre inconditionnellement; on l'accepte ou on ne l'accepte pas.

À l'occasion, et surtout dans *On Becoming a Person*, Rogers utilise le mot «care» pour exprimer ce qu'il entend par regard positif inconditionnel. Il utilise rarement le mot «amour» à cause de la connotation galvaudée que ce mot a acquise dans notre culture. Dans un article, il affirme que le regard positif inconditionnel s'apparente à ce que le théologien appelle «agape».[30]

Que signifie, concrètement, cette attitude? Elle implique en premier lieu, comme mentionné précédemment, que le

---

[29] Carl R. Rogers, *On Becoming a Person*, p. 202.
[30] Carl R. Rogers, *The Interpersonal Relationship: The Core of Guidance*, Harvard Educational Review, Vol. 32, no. 4, Fall, 1962, p. 420.

thérapeute soit centré sur la personne du client *dans sa valeur absolue.* « Cela signifie que le thérapeute se préoccupe du client de manière non-possessive. Cela signifie qu'il valorise le client de manière absolue plutôt que conditionnelle ».[31] Il s'agit d'une attitude « dépourvue de l'aspect intéressé de la plupart des expériences que nous appelons amour ».[32] Il s'agit d'une acceptation qu'on retrouve rarement dans les relations interpersonnelles ordinaires et Rogers insiste sur le fait qu'on ne peut jamais réduire celle-ci à de simples méthodes ou techniques. Bien que ces dernières puissent s'avérer utiles, toute leur valeur repose sur le fait qu'elles expriment une attitude réellement présente chez le thérapeute.[33] Elles doivent indiquer l'intérêt réel de ce dernier pour le client.[34] Ce qui compte le plus, rappelle Rogers, ce n'est pas une acceptation purement intellectuelle, mais plutôt une acceptation *émotionnelle* du client par le thérapeute.[35]

Adopter un regard positif inconditionnel envers le client, c'est accepter tous ses sentiments, ses attitudes, ses jugements et ses expériences passées et présentes. C'est s'abstenir d'évaluer ou de juger n'importe laquelle de ses actions ou de ses jugements, et c'est éviter scrupuleusement de lui imposer ses propres objectifs et valeurs personnels.[36]

Accepter ne veut nullement dire approuver
Cela nous amène à un point qui est de la plus haute importance si l'on veut comprendre Rogers. Accueillir et accepter une personne de façon inconditionnelle ne veut nullement dire *approuver* aucune de ses manifestations particulières, approuver ses gestes, ses jugements, etc.

---

[31] Carl R. Rogers, *On Becoming a Person*, p. 62.
[32] Carl R. Rogers, *On Becoming a Person*, p. 84.
[33] Carl R. Rogers, *Client-Centered Therapy,* p. 19.
[34] Carl R. Rogers, *Client-Centered Therapy,* p. 69.
[35] Carl R. Rogers, *Client-Centered Therapy,* p. 165.
[36] Carl R. Rogers, *On Becoming a Person*, p. 55.

L'acceptation ne doit pas être identifiée avec approbation. Il y a un monde de différence entre les deux et il est vital de comprendre cette différence.

Si quelqu'un devait dire à Rogers au cours d'une entrevue, « Je pense que je devrais me suicider», il essaierait d'accepter totalement ce jugement avec toute la connotation émotionnelle qui l'accompagne; cependant, il s'abstiendrait strictement, aussi difficile que cela puisse être – étant donné que le client cherche désespérément à amener le thérapeute à assumer la responsabilité de porter un jugement qu'il a lui-même peur de faire – de toute forme d'approbation ou de désapprobation.[37]

Cette distinction – accepter le désir d'une personne de se suicider, mais ne pas l'approuver ou le désapprouver – peut paraître subtile. Tellement subtile, au fait, que dans la vie réelle, la mettre en œuvre apparait complètement idéaliste, et même impossible. Par exemple, si Rogers, dans un tel contexte, devait garder le silence, ce silence lui-même ne représenterait-il pas une forme de jugement ? Ne serait-il pas en train de transmettre ainsi sa propre façon de penser, quoique d'une manière très subtile?

On doit répondre à la fois négativement et affirmativement ici. Au cours de la relation, le thérapeute, de par son regard positif inconditionnel, approuve, en quelque sorte. Cependant, il accueille et approuve seulement la personne dans sa valeur absolue comme personne, pas les jugements, les sentiments ou le comportement de cette personne.

À un endroit Rogers affirme beaucoup aimer l'expression de Martin Buber «confirmer l'autre», et cela, de toutes évidences, reflète son propre point de vue.[38] Confirmer l'autre, c'est l'accepter comme processus en devenir ; c'est

---

[37] Carl R. Rogers, *Client-Centered Therapy,* p. 48.
[38] Carl R. Rogers, *Client-Centered Therapy,* p. 24.

«rendre réel ses potentialités». En confirmant en profondeur le client tout en s'abstenant de toute évaluation ou jugement externe, le thérapeute ouvre la porte au cœur même du processus thérapeutique.

Cœur de la thérapie: devenir soi-même

Que se passe-t-il chez le client lorsque le thérapeute réussit à se centrer sur lui, à faire preuve de congruence et d'empathie, à adopter un regard positif inconditionnel à son égard, et ce tout en s'abstenant d'approuver ou de désapprouver ses jugements, ses actions, et ses sentiments?

Le client commence à s'orienter vers la croissance, vers la maturité. Il commence à utiliser l'atmosphère de liberté qui découle naturellement d'une telle relation pour s'explorer lui-même.[39] Il lutte pour être lui-même et en même temps « a terriblement peur d'être lui-même – s'efforçant de voir son expérience telle qu'elle est, voulant *être* cette expérience, et pourtant profondément effrayée par cette perspective ».[40] Apprenant graduellement à être présent à lui-même et à écouter son propre vécu,[41] le client s'éloigne graduellement des fausses représentations qu'il avait de lui-même et se permet de prendre conscience de « sentiments qui lui ont semblé si terribles, ou si désorganisant, ou si anormaux, ou si honteux, qu'il n'avait jamais pu reconnaître leur existence en lui-même. »[42]

Cette ouverture à l'expérience l'aide à devenir plus réaliste, à devenir «plus conscient de la réalité telle qu'elle existe en dehors de lui-même, au lieu de la percevoir à travers le prisme de catégories préconçues».[43] Sa perception du monde devient plus réaliste, moins rigide et plus

---

[39] Carl R. Rogers, *Client-Centered Therapy,* p. 109.
[40] Carl R. Rogers, *Client-Centered Therapy,* p. X.
[41] Carl R. Rogers, *On Becoming a Person*, p. 63.
[42] Carl R. Rogers, *On Becoming a Person*, p. 63.
[43] Carl R. Rogers, *On Becoming a Person*, p. 115.

différenciée, et il apprend à « tolérer l'ambiguïté ».[44] L'ouverture à soi qu'il éprouve se traduit par « l'absence de rigidité, et le ramollissement des frontières entre les concepts, les croyances, les perceptions et les hypothèses».[45] Elle se traduit par une réduction progressive « de sa tendance à voir l'expérience en termes absolus et inconditionnels, à généraliser, à être dominé par le concept ou la croyance ».[46]

Le client apprend à faire confiance à son organisme total dans sa capacité évaluative, acceptant le lieu de l'évaluation comme étant en lui-même. Ainsi, il recherche moins, « dans ses décisions, ses valeurs, et ses choix de manières de vivre, l'approbation ou la désapprobation des autres ».[47] Il ne perçoit plus la vie comme quelque chose de fixe et de monotone mais la vit pleinement à chaque instant. Sa perception étant devenue plus souple et adaptative, chaque moment lui apparaît maintenant unique et existentiellement nouveau.[48] Son expérience prend ainsi un caractère de spontanéité et de créativité croissantes.[49] Les slogans banals sont rejetés et chaque chose ou situation particulière est appréciée dans sa concrétude et « unicité » (this-ness). [50] Il redevient capable de communiquer ses sentiments plus personnels et subjectifs aux autres et ses relations avec eux cessent d'être «stéréotypées », et deviennent « personne à personne».[51]

---

[44] Carl R. Rogers, *On Becoming a Person*, p. 115.

[45] Carl R. Rogers, *On Becoming a Person*, p. 353.

[46] Carl R. Rogers, *Client-Centered Therapy,* p. 144.

[47] Carl R. Rogers, *On Becoming a Person*, p. 119.

[48] Carl R. Rogers, *On Becoming a Person*, p. 188.

[49] Carl R. Rogers, *On Becoming a Person*, p. 347 to 359.

[50] Carl R. Rogers, *On Becoming a Person*, p. 353. See also *Client-Centered Therapy,* p. 144.

[51] Carl R. Rogers, *On Becoming a Person*, p. 155.

Il est également intéressant de noter que l'attention intense accordée au client dans l'approche de Rogers ne rend pas le client plus centré sur lui-même, mais plutôt une plus grande ouverture aux autres.[52]

En plus, non seulement le client commence à s'accepter davantage lui-même – la seule acceptation pourrait laisser entendre une forme de stoïcisme – mais il apprend « à s'aimer », et ce pas d'une manière vantardise ou hautaine, mais dans le calme et la sérénité.[53]

S'ouvrir aux expériences antérieurement déniées ou déformées.

Jusqu'ici, j'ai expliqué le type de relation qu'un thérapeute adoptant l'approche de Rogers chercherait à établir avec son client, puis j'ai décrit les différents résultats qu'une telle relation produirait généralement chez le client. Cependant, je n'ai pas clairement distingué entre les *résultats* du processus de thérapie et le *processus de thérapie* en tant que tel.

Une compréhension plus profonde de Rogers appelle à l'analyse de ce que le processus et la nature de la thérapie signifient pour lui, quelque chose qui ne peut être fait sans jeter un coup d'œil à sa théorie de la personnalité.

Avant de décrire cette dernière théorie, il est important de noter, cependant, que ce qui est le plus certain pour Rogers, c'est l'expérience thérapeutique centrée sur le client et non la théorie de la personnalité qu'il a formulée comme psychothérapeute pour tenter de l'expliquer.[54] Autrement dit, ce qui est le plus certain pour lui c'est que si certaines conditions existent, alors certains résultats suivront; si le thérapeute est centré sur la personne, adopte un regard positif inconditionnel, etc., alors le client deviendra lui-

---

[52] Carl R. Rogers, *Client-Centered Therapy,* p. 129.
[53] Carl R. Rogers, *On Becoming a Person*, p. 87.
[54] Carl R. Rogers, *A Theory of Therapy...* p. 217.

même, deviendra plus ouvert et s'épanouira de plus en plus, etc.

Ceci étant reconnu, que se passe-t-il exactement dans le processus de thérapie? Quelle est sa nature? Qu'est-ce qui explique le processus de guérison que vit le client grâce à la thérapie?

La seule chose qui se passe essentiellement, selon Rogers, *c'est que le client commence à s'ouvrir à des expériences qui, antérieurement, n'étaient pas admises à la conscience, ou ne l'étaient mais seulement après avoir été déformées.*

Grâce à l'accueil et l'acceptation inconditionnels du thérapeute, le client commence à se sentir libre de s'explorer, de se découvrir au plus profond de son être; il commence à s'exprimer de plus en plus ouvertement et de façon de plus en plus articulée; et il commence à découvrir où réside la cause profonde de son vrai problème, de sa détresse et de son malheur. Et enfin, il commence à percevoir où réside la solution à son problème, il commence à se comporter d'une manière plus mature et valorisante.

La théorie de thérapie et de personnalité de Rogers
Quelques mots ici sur ce que Rogers entend par les termes techniques «expérience», «expérience déniée», «expérience déformée», etc.

Pour Rogers, «l'expérience» signifie tout ce qui se passe dans une personne, à la fois au niveau de la conscience et de l'inconscient. Cela exclut, cependant, tout ce qui se passe au niveau purement chimique.[55]

Dans l'article *Experiencing: A Variable in the Process of Therapeutic Change*,[56] Rogers cite Gendlin, un auteur dont

---

[55] Carl R. Rogers, *A Theory of Therapy*... p. 195.
[56] Harvard Educational Review, Vo. 32, no. 4, Fall 1962, p. 418-419.

les opinions ressemblent beaucoup, à son propre avis, aux
siennes:

« L'expérience est ressentie plutôt que pensée, connue ou
verbalisée »; c'est « un processus émotionnel plutôt qu'une
compréhension intellectuelle », un processus qui est pré-
conceptuel mais qui guide la conceptualisation. Cela veut
dire que les émotions sont remplies de sens, un sens qui
tend constamment à passer de l'implicite à l'explicite.

« Le sens qui se dégage des émotions, dit-il, est quelque
peu différent de celui qui se dégage des concepts ou des
mots (...). Un concept ou un mot a un sens univoque, alors
qu'un sentiment contient souvent implicitement de
nombreuses significations conceptuelles différentes ».[57]

Pour comprendre les notions d'expérience déniée et
d'expérience déformée, il faut les placer dans le contexte de
la théorie générale de la thérapie et de la personnalité de
Rogers.

Une expérience déniée est une expérience qui ne peut être
admise à la conscience, parce qu'elle n'est pas compatible
avec l'image que la personne se fait d'elle-même. Cette
dernière image de soi représente le soi que la personne
pense avoir; elle est constituée des expériences et valeurs
qu'elle a fini par reconnaître comme siennes.[58] Et l'image
de soi représente aussi la source principale et habituelle de
tout comportement humain.[59]

Une expérience perçue comme incompatible avec l'image
de soi peut être admise à la conscience mais seulement
après avoir été déformée – une fausse signification lui ayant

---

[57] Carl R. Rogers, *Experiencing: A Variable in the Process of
Therapeutic Change* Harvard Educational Review, Vo. 32, no. 4, Fall
1962, p. 237.
[58] Carl R. Rogers, *Client-Centered Therapy*, p. 497-498.
[59] Carl R. Rogers, *Client-Centered Therapy*, p. 507-509

été attribuée – afin d'être en conformité avec l'image de soi. Dans le cas où une expérience s'avérerait totalement incompatible avec l'image de soi, alors elle n'est pas admise à la conscience, elle est refusée ou déniée.[60]

Le déni et la distorsion de certaines expériences constituent, selon Rogers, l'origine de tous les conflits vécus par les personnes.[61]

L'enfant représente l'idéal d'une personne unifiée et qui fonctionne bien. Quand il a faim, il mange; quand il est plein, il s'arrête. Il commence à nier et déformer certaines expériences seulement quand ses proches – ceux qui exercent une grande influence dans sa vie quotidienne, normalement ses parents – commencent à juger, approuver ou désapprouver certaines de ses actions, certains de ses jugements et sentiments. Étant donné que le besoin le plus profond d'une personne est d'être accepté et aimé, l'enfant est ainsi conduit à nier ou déformer certaines de ses expériences, non pas parce qu'il les perçoit lui-même comme bonnes ou mauvaises, comme satisfaisantes ou insatisfaisantes, mais simplement parce que ses parents laissent entendre qu'elles sont bonnes ou mauvaises. Au lieu de rester ouvert à ce qui se passe à l'intérieur de lui-même, l'enfant en vient ainsi à se fier, et cela tout à fait inconsciemment, à un critère extérieur. Ainsi, il perd graduellement confiance dans sa propre expérience, et à sa propre capacité d'évaluer par lui-même cette expérience.

---

[60] Carl R. Rogers, *Client-Centered Therapy*, p. 503-507

[61] Carl R. Rogers, *The Actualizing Tendency in Relation to "Motives" and to Consciousness,* in Nebraska Symposium on Motivation, 1963, edited by Marshall R. Jones, University of Nebraska Press, p. 15-16. La théorie présentée dans ce travail diffère considérablement de celle exposée dans *Client-Centered Therapy: Its Current Practice, Implication and Theory.* Cependant, le changement ne concerne que la cause du déni ou de la déformation, et non le fait que ceux-ci soient à l'origine de tout conflit personnel.

Quand il évalue, il pense que c'est bel et bien lui qui évalue mais en réalité il ne fait que conformer son jugement à celui de ses proches, à leur critère qui lui est externe.

C'est de là, selon Rogers, que provient le gouffre existant entre ce qu'une personne pense être et ce qu'elle est réellement. C'est de là que provient son manque de connaissance de soi-même, et sa déconnection avec son moi profond. C'est de là, enfin, que provient son comportement insatisfaisant, et cette constante guerre contre elle-même.

Jusqu'à la fin des années 1950, Rogers considérait que nier et déformer les expériences représentait une évolution, bien que tragique, tout à fait naturelle. Après avoir discuté du déni et de la distorsion d'expériences, Rogers affirme:

« Ceci, comme nous le voyons, représente la source de l'aliénation chez l'homme (...). Pourtant, cela n'a pas été un choix conscient, mais un développement naturel – et tragique – dans l'enfance ».[62]

En 1963, cependant, il déclare explicitement avoir changé d'avis sur ce point. Tout en continuant à soutenir que le déni et la distorsion d'expériences représentent la cause fondamentale de l'aliénation de l'homme, il dit en être venu à croire que ce processus n'est pas naturel et nécessaire mais plutôt appris « particulièrement dans notre culture occidentale » caractérisée « par des comportements guidés par des concepts et des constructions rigides ».[63] Les gens sont récompensés pour le maintien de ces concepts; ils sont constamment confirmés en eux.

Ayant mis en évidence l'origine de toute inadaptation humaine selon Rogers, il devient maintenant possible de

---

[62] Carl R. Rogers, *A Theory of Therapy,* p. 226.
[63] Carl R. Rogers, *The Actualizing Tendency in Relation to "Motives" and to Consciousness,* p. 19.

comprendre ce qui se passe, selon lui, dans le processus thérapeutique.

La thérapie est le processus par lequel la personne devient elle-même, retrouve son moi authentique. Si elle n'est pas elle-même, si elle est intérieurement divisée, c'est parce qu'elle refoule ou n'admet pas à la conscience certaines expériences, ou ne les admet qu'une fois leur sens déformé. Se retrouver signifie explorer pleinement ses expériences en se débarrassant graduellement des valeurs introjectées, celles qui ne sont acceptées qu'en raison de critères purement extérieurs. Et c'est précisément ce que permet la relation thérapeutique, où le regard positif inconditionnel et la compréhension empathique du thérapeute fournissent l'atmosphère de liberté et confiance nécessaires à une telle exploration.

Ce n'est que lorsqu'on peut devenir son propre lieu d'évaluation que l'on peut retrouver vie et vitalité! Ce n'est que lorsque les valeurs ne sont pas imposées de l'extérieur mais émergent librement de l'intérieur que l'on grandit et s'épanouit vraiment. Il faut apprendre à interpréter soi-même ses expériences et à vivre selon ses propres valeurs, pas celles des autres.[64]

Il n'est donc pas étonnant que Rogers affirme:

« L'expérience représente, pour moi, la plus haute autorité. C'est sur ma propre expérience que se fonde ultimement toute validité. Les idées des autres, et aucune de mes propres idées, ne jouissent d'autant de validité que mon expérience. C'est à ma propre expérience que je dois sans cesse revenir pour découvrir toujours un peu plus cette vérité en moi qui est en constante évolution.

« Ni la Bible ni les prophètes, ni Freud ni la recherche, ni les révélations de Dieu ni celles de l'homme, ne peuvent

---

[64] Carl R. Rogers, *On Becoming a Person*, p. 23.

avoir plus d'importance que ma propre expérience personnelle. »[65]

Le cœur de la thérapie consiste donc dans le processus par lequel une personne devient authentiquement elle-même. Et y parvient essentiellement en explorant ses expériences et en apprenant à les évaluer par elle-même et à partir de son propre lieu d'évaluation, à partir des propres valeurs qu'elle ressent.

On ne saurait trop insister sur le caractère strictement personnel et privé d'un tel apprentissage. Le thérapeute n'apprend pas à son client à se connaître. Il permet simplement à ce dernier de se découvrir par lui-même. En fait, même s'il tentait de le faire, le thérapeute n'arriverait jamais à enseigner à son client à se connaître, car ce type de connaissance, insiste Rogers, est fondamentalement incommunicable. Le cœur de la thérapie « c'est l'aspect découverte de soi ».[66]

L'orientation positive de la personne humaine
À ce stade, j'ai mis en évidence presque tous les éléments nécessaires pour formuler l'intuition fondamentale de Rogers. Sauf qu'il en manque encore un, qui est tout à fait incontournable, et qui est inséparablement lié à tous ceux qui ont été discutés précédemment.

Grâce à son expérience clinique, Rogers découvre que tous les êtres humains jouissent d'une orientation positive, une caractéristique qu'il dénomme « la tendance actualisante de l'homme ». Jour après jour, Rogers et ses collègues constatent dans leur travail clinique le paradoxe suivant:

Plus nous permettons à nos « clients de choisir n'importe quelle valeur, n'importe quelle direction dans la vie, que ce soit le suicide, ou la maladie mentale, ou le refus de l'aide

---

[65] Carl R. Rogers, *On Becoming a Person*, p. 23-24.
[66] Carl R. Rogers, *On Becoming a Person*, p. 204.

psychothérapeutique, plus ces mêmes clients choisissent une orientation positive. Devant le choix entre la vie ou la mort, ils choisissent la vie; entre la santé ou la maladie mentale, ils choisissent la santé; entre rester avec le thérapeute ou l'abandonner, ils choisissent de rester. »[67]

Cette longue expérience amène Rogers à conclure qu'au fond, les êtres humains sont essentiellement bons et qu'il ne faut donc pas avoir peur de les laisser devenir eux-mêmes:

« L'un des concepts les plus révolutionnaires qui se dégage de notre expérience clinique, c'est la découverte croissante que le noyau le plus profond de la nature de l'homme, les couches les plus profondes de sa personnalité, la base de sa 'nature animale', est de nature positive. Autrement dit, il va de l'avant, est rationnel et réaliste. »[68]

Théorie rogérienne des relations interpersonnelles
La théorie des relations interpersonnelles de Rogers est fondamentalement identique à sa théorie de la thérapie et de la personnalité, que je viens de décrire plus haut. La seule différence n'est pas la théorie elle-même, mais plutôt son *extension*, sa portée.

Rogers affirme que la théorie qui explique la relation thérapeute-client s'applique aussi à toutes les relations interpersonnelles, que ce soit dans la vie familiale,[69] dans l'éducation,[70] ou dans le monde des affaires, et qu'il s'agissent de relations entre personnes individuelles ou entre groupes de personnes.[71]

Assez significativement, cette extension coïncide avec son intérêt croissant pour la philosophie. Il suffit de lire *Client-*

---

[67] Carl R. Rogers, *Client-Centered Therapy...,* p. 48-49.
[68] Carl R. Rogers, *On Becoming a Person,* p. 90-91.
[69] Carl R. Rogers, *On Becoming a Person,* p. 314 to 323.
[70] Carl R. Rogers, *On Becoming a Person,* p. 279 to 313.
[71] Carl R. Rogers, *On Becoming a Person,* p. 329.

Centered Therapy, un livre écrit en 1951, et de le comparer avec *On Becoming a Person*, un livre publié en 1961, pour voir à quel point cette évolution est frappante. La partie IV de *On Becoming a Person* s'intitule *Philosophy of Persons* et Rogers mentionne, au début du chapitre 8, qu'il ne partage pas la réaction de ces psychologues qui considèrent cela comme une insulte, si quelqu'un les accuse de se livrer à une réflexion philosophique.[72]

Cœur de l'intuition psychothérapeutique de Rogers
Après avoir exposé les théories fondamentales de Rogers, je vais maintenant tenter d'exprimer, de façon aussi concise et brève que possible, ce que j'appellerais son intuition fondamentale en tant que thérapeute. En d'autres termes, la vision globale qui donne vie et sens à chaque élément de son approche.

Saisir et exprimer l'intuition fondamentale d'un auteur représente un défi de taille et je suis conscient que ce qui suit ne représente qu'une tentative.

De la part du thérapeute: se centrer sur le client, congruence, empathie, acceptation, regard positif inconditionnel.

De la part du client : exploration de ses expériences, réinterprétation de celles-ci depuis ses propres valeurs telles que ressenties, éloignement graduel de la fixité, la rigidité, et de l'absolu découlant de valeurs extérieures, perception de plus en plus différenciée et nuancée de la réalité, spontanéité et créativité croissantes, comportement moins impersonnel et monotone et où chaque instant apparaît intense et unique, amour de soi et confiance sereine.

Telle est, d'après ce que j'ai pu discerner, la vision globale qui sous-tend tous les livres et articles de Rogers.

---

[72] Carl R. Rogers, *On Becoming a Person*, p. 163.

Grâce à des années d'expérience concrète à vivre des entrevues avec ses clients, et grâce à de longues recherches fondées sur ces entrevues, Rogers réussit graduellement à identifier chez le client ce qui favorise son épanouissement et sa maturité, et en même temps ce qui empêche et freine ce processus. Il est particulièrement frappé par la façon dont le client devient lui-même: en exerçant sa liberté, en devenant son propre lieu d'évaluation, en évaluant personnellement tout ce qu'il vit. Lorsque des valeurs sont parachutées de l'extérieur, des valeurs souvent rigides, structurées et absolues, elles ne peuvent que créer insécurité, tension, déchirement intérieur, et aliénation psychologique. Ce qui est véritablement libérateur, c'est une relation dans laquelle le client devient le centre, la valeur absolue, et se sent inconditionnellement accueilli et accepté comme personne. Une relation dans laquelle le thérapeute parvient à se comporter comme un être humain normal, réel et tout à fait congruent. Une relation dans laquelle il exprime à la fois confiance et appréciation inconditionnelles, tout en s'abstenant scrupuleusement de juger, d'imposer ses propres valeurs.

Et ce qui est vraiment libérateur dans une relation thérapeute-client, affirme Rogers, est aussi vraiment libérateur dans *toute relation*, que ce soit entre conjoints, entre parent et enfant, entre enseignant et étudiant, ou même entre nations.

Ce type précis de relation humaine, qui s'avère source de libération et d'épanouissement et qui favorise spontanéité et créativité et la capacité de goûter l'unicité de chaque instant, a grandement intrigué Rogers.

À un égard, il s'agit d'une relation tout à fait unique, d'une relation très spécifique à chaque personne, d'une relation remplie d'imprévisibilité et d'impondérabilité.

À un autre égard, cependant, il s'agit d'une relation humaine qui est remplie d'éléments profondément communs, universels, et, en quelque sorte, absolus.[73]

André Peretti, citant Rogers dans une conférence que ce dernier a donnée à Paris, affirme:

« Lorsque je me sens très proche de l'autre, cela enrichit ma vie. C'est comme si j'entendais une musique céleste… À travers le rapport avec une personne, il y a le général, la communication avec ce qui est vrai universellement… Je suis aussi heureux que devant un coucher de soleil. »[74]

---

[73] Carl R. Rogers, *Client-Centered Therapy*, p. X.
[74] Carl Rogers ou les paradoxes de la présence, Études, février 1967, p. 32. Cette référence ne vient pas de ma thèse publiée en 1965, mais plutôt de l'article que j'ai écrit sur Rogers à l'Université de St. Thomas à Rome en 1968, lorsque j'étais étudiant de théologie.

Chapitre 3 - Le conflit entre subjectivité et objectivité

Présentation

Jusqu'à présent, dans ce mémoire, j'ai fait des observations très générales sur l'approche fondamentale de Rogers en thérapie. J'essayais de transmettre au lecteur l'intuition fondamentale de Rogers, et ma méthode était elle-même très intuitive puisque je ne comptais directement sur aucune autre base que ma propre assimilation de sa pensée au cours des trois derniers mois. Il était d'une importance vitale que je sois immergé dans son esprit, accueillant sa pensée dans toutes ses principales ramifications et articulations.

Bien que je tente constamment de rester présent à l'esprit de l'intuition fondamentale de Rogers, ce qui suit sera beaucoup plus analytique et spécifique. Dorénavant ce ne sera pas l'approche psychothérapeutique de Rogers en tant que telle qui retiendra mon attention, mais plutôt la crise épistémologique qu'il a vécue et qui est directement liée à la philosophie, mon domaine de spécialisation: le conflit entre subjectivité et objectivité. Je mettrai l'accent sur certaines citations, sur les mots employés par Rogers, et sur le sens que ceux-ci revêtent pour lui.

Un commentaire de plus sur la méthode que je vais suivre dans cette analyse.

Ma première intention était d'examiner le problème de la subjectivité et de l'objectivité tel que vécu par Rogers en analysant l'évolution historique de sa pensée. Je voulais procéder à une analyse systématique de ses œuvres, depuis les premières jusqu'aux dernières.

J'étais déjà assez avancé dans cette direction lorsque je me suis rendu compte, à un moment donné, que poursuivre dans cette voie s'avèrerait beaucoup trop long et englobant pour les fins de mon mémoire. J'ai donc décidé de changer radicalement d'approche.

Au lieu de suivre l'évolution historique du conflit vécu par Rogers, j'ai décidé d'aller directement à l'article – *Persons or Science? A Philosophical Question* (chapitre 10 de *On Becoming a Person*) – dans laquelle Rogers pose explicitement le problème de la subjectivité et de l'objectivité dans toute son acuité.[75]

D'abord, j'exposerai fidèlement le conflit tel qu'il le décrit dans l'article ci-haut mentionné, laissant de côté pour le moment, la solution qu'il présente à la fin du même article. Deuxièmement, j'étudierai le conflit tel qu'il apparaît, mais seulement implicitement cette fois, dans son livre *Client-Centered Therapy*. Ensuite, je reviendrai à la solution à laquelle il est arrivé, présentant la version qui apparait dans *Persons or Science? A Philosophical Question*, celle qui apparaît dans *Theory of Therapy*, et finalement celle qui apparait dans *A Tentative Formulation of a General Law of Interpersonal Relationships*.

Ayant présenté le conflit entre subjectivité et objectivité tel que vécu et résolu par Rogers, je terminerai en évaluant sur le plan philosophique la solution à laquelle il est parvenu, et en identifiant les points qui semblent problématiques d'un point de vue épistémologique et qui appellent de nouvelles recherches.

Le conflit tel que présenté dans *Persons or Science? A Philosophical Question*

Il a été impossible de déterminer la période exacte au cours de laquelle cet article a été écrit. Tout ce que je sais, c'est qu'il a été écrit plusieurs années avant sa première publication en 1955 dans la revue *American Psychologist*.[76]

---

[75] Carl R. Rogers, *On Becoming a Person*, p. 199-224.
[76] Carl R. Rogers, *On Becoming a Person*, p. 200.

Comme mentionné plus tôt dans ce mémoire, le conflit entre subjectivité et objectivité provient du cœur même de l'expérience de Rogers. Plus précisément, de son expérience directe et quotidienne en tant que psychothérapeute, et de ses recherches scientifiques constantes dans le même domaine.

De façon plus immédiate, il tire son origine de deux grandes influences subies par Rogers. D'une part, l'influence de la pensée on ne peut plus subjective et existentialiste de Søren Kierkegaard et Martin Buber, une pensée qui exerce une très forte attraction sur lui parce qu'elle correspond si merveilleusement bien à l'expérience qu'il vit tous les jours dans ses entrevues avec ses clients. D'autre part, l'influence profonde qu'exerce sur lui sa formation professionnelle dans le positivisme logique, une école de pensée qu'il a en très haute estime.[77]

Quiconque s'est familiarisé, d'une part avec le positivisme logique qui privilégie l'objectivité, et, d'autre part, avec l'existentialisme qui accorde plutôt la priorité à la subjectivité, peut imaginer quel profond conflit éclatera éventuellement chez un individu qui adhère à ces deux écoles de pensée, tout en les tenant toutes deux en haute estime. Rien d'étonnant à ce que Rogers avoue, et ce tout à fait ouvertement, avoir à mener ce qu'il appelle « ma double vie de subjectivité et d'objectivité » ![78]

Rogers a écrit *Persons or Science? A Philosophical Question*, un article que je suis sur le point d'examiner, dans le seul but de clarifier le conflit intérieur qu'il vivait. Il ne se doutait aucunement au moment de la rédaction que ce texte serait un jour publié. Et il s'agit d'un texte important, car plusieurs années plus tard, soit en 1961, il affirme que

---

[77] Carl R. Rogers, *On Becoming a Person*, p. 199.
[78] Carl R. Rogers, *On Becoming a Person*, p. 200.

l'analyse contenue dans ce texte représente toujours une expression fidèle de ses opinions.[79]

Afin d'aborder et d'élucider la guerre intérieure entre subjectivité et objectivité qu'il vit, Rogers utilise la méthode suivante :

« Ce que j'ai fait en premier, c'est de me laisser aller comme thérapeute praticien, et de décrire, aussi bien que je le peux dans un bref espace, quelle est la nature essentielle du processus psychothérapeutique telle que je le vis avec de nombreux clients. (...) Ensuite, dans un deuxième temps, je me suis laissé aller en tant que scientifique – en tant que chercheur obstiné de faits observables en psychologie – et j'ai essayé d'imaginer le sens que la science peut donner à la thérapie. Suite à cela, j'ai poursuivi le débat qui existait en moi, soulevant les questions que chaque point de vue, celui du thérapeute praticien et celui du scientifique, pouvait légitimement poser à l'autre. »[80]

Le scientifique pose des questions au thérapeute praticien

Voyons d'abord les questions que Rogers le scientifique pose à Rogers le thérapeute praticien, c'est-à-dire à celui qui vient de mettre sur papier l'expérience concrète qu'il vit tous les jours avec ses clients durant la thérapie.

La première question soulevée par le scientifique nous plonge directement au cœur du problème:

1. « Comment peux-tu savoir que cette expérience que tu viens de décrire, ou toute autre expérience antérieure ou postérieure à celle-ci, est vraie ? Comment fais-tu pour t'assurer que ce que tu racontes correspond à la réalité? Si on doit se fier à cette expérience intérieure et subjective

---

[79] Carl R. Rogers, *On Becoming a Person*, p. 199. Rogers affirme – p. x et xi – que l'introduction à *Persons or Science? A Philosophical Question* fut rédigée en 1961.
[80] Carl R. Rogers, *On Becoming a Person*, p. 201

comme étant la vérité quant aux relations humaines ou aux façons de modifier la personnalité, alors le Yogi, la science chrétienne, la dianoétique et les illusions d'un individu psychotique qui se croit Jésus-Christ sont tous également vrais, tout aussi vrais que cette description que tu viens de faire du processus thérapeutique. Chacun d'eux représente la vérité perçue intérieurement par un individu ou un groupe d'individus. Si on souhaite éviter ce marasme de vérités multiples et contradictoires, on doit se rabattre sur la seule méthode à notre disposition pour parvenir à une approximation de plus en plus grande de la réalité, la méthode scientifique. »[81]

Qu'est-ce que le passage ci-dessus implique sur le plan philosophique? Il implique indéniablement trois choses.

a) Rogers entretient de sérieux doutes quant à la validité de sa perception ordinaire, de sa connaissance directe et intuitive, pour atteindre le réel, ce qui est solide.

b) La connaissance subjective, la perception, selon lui, semble être complètement intérieure ou immanente à la personne qui perçoit; ce qui signifie que cette dernière se trouve forcément emprisonnée dans sa subjectivité, et donc à la recherche d'un critère extérieur qui assurerait l'objectivité ou la validité de sa connaissance.

c) Ce critère extérieur représente nécessairement la méthode scientifique, la seule que Rogers connaisse pour parvenir à une approximation de plus en plus grande de la réalité.

Afin de mieux comprendre la signification du passage que j'examine, il serait préférable de revenir au contenu du récit expérientiel que le scientifique remet en question. Dans ce récit,[82] Rogers décrit simplement la relation

---

[81] Carl R. Rogers, *On Becoming a Person*, p. 209-210.
[82] Carl R. Rogers, *On Becoming a Person*, voir p. 201 à 205

psychothérapeutique telle qu'il la vit tous les jours avec ses clients. Il explique très brièvement tout ce qui semble se passer lors du processus thérapeutique concret, à la fois chez lui-même comme thérapeute, et chez son client. Et cette explication correspond essentiellement à ce que j'ai tenté d'exprimer dans la première partie de ce mémoire lorsque j'ai décri l'intuition fondamentale de Rogers.

Ainsi, remettre radicalement en question cette version expérientielle, et suggérer carrément qu'elle n'a peut-être aucun rapport avec la réalité, représente une attaque on ne peut plus cinglante, une attaque qui exprime l'insécurité profonde que vit Rogers.

Passons maintenant à la question suivante que le scientifique pose au thérapeute praticien:

2. « En second lieu, cette approche expérientielle ferme la porte à tout progrès dans la compétence thérapeutique, elle empêche la découverte des éléments les moins satisfaisants de la relation thérapeutique. A moins que l'on considère le présent récit que tu viens de faire comme parfait, ce qui est improbable, ou que le niveau actuel de compétence psychothérapeutique soit optimal, ce qui est également improbable, il y a des défauts inconnus, des imperfections, des oublis, dans ton récit. Comment faire pour les découvrir et y remédier ?

« L'approche expérientielle ne peut offrir rien d'autre qu'un processus essai erreur pour y parvenir, un processus qui est lent et qui n'offre aucune garantie réelle d'atteindre cet objectif. (...)

« Cependant, la méthode scientifique, et les procédures du positivisme logique moderne, ont beaucoup à offrir ici. Toute expérience qui peut être décrite peut être décrite en termes opérationnels. Les hypothèses peuvent être formulées et mises à l'épreuve, et on peut arriver ainsi à distinguer entre erreur et vérité, entre ce qui est valide et ce qui ne l'est pas. Cela semble être la seule voie sûre vers l'amélioration, l'autocorrection, et l'avancement des connaissances. »[83]

Si l'on regarde de près cette deuxième question que le scientifique pose au thérapeute, il devient évident que ses implications sont partiellement similaires mais aussi partiellement différentes de celles du premier.

Similaires, dans la mesure où Rogers d'une part continue d'entretenir des doutes quant à la validité de ses connaissances subjective, intuitives, ou perceptuelles, et, d'autre part, continue de croire que la seule solution pour répondre à ces doutes consiste à se tourner vers la méthode scientifique, c'est-à-dire « les procédures du positivisme logique moderne ».

Mais différentes aussi, en ce que les doutes qu'il entretient ici ne sont pas aussi radicaux. Dans la deuxième question, le scientifique ne reproche plus carrément à la connaissance intuitive ou perceptuelle de n'avoir possiblement aucun lien avec le monde réel, mais seulement de permettre un contact imprécis et incertain avec le monde réel. Tout ce qu'offre la connaissance subjective, c'est un processus d'essai erreur qui ne garantit aucunement l'avancement véritable des connaissances, affirme le scientifique.

Différentes en plus, parce que maintenant le scientifique ne se réfère pas seulement à la méthode scientifique comme le seul chemin sûr et garanti pour accéder au monde réel, mais il rend aussi explicite le sens que la science a pour lui. Tout ce qui est descriptible, dit-il, est descriptible en termes opérationnels. Cette dernière affirmation correspond sans doute à ce que Rogers avait déjà affirmé en « se laissant

---

[83] Carl R. Rogers, *On Becoming a Person*, p. 210.

aller comme scientifique », plus précisément lorsqu'il affirmait: « Tout ce qui existe peut être mesuré ».[84]

Ce n'est pas tout ce que le scientifique a à dire au thérapeute praticien. Il poursuit:

3. « Dans ta description de l'expérience thérapeutique, tu laisses entendre qu'il existe des éléments imprévisibles dans le processus, et qu'on y retrouve la présence d'une certaine spontanéité et (excuse l'expression) liberté. Tu parles comme si une partie du comportement du client – et peut-être une partie du comportement du thérapeute – ne dépend pas d'une cause, ne représente aucunement un lien de cause à effet.

« Sans vouloir verser dans la métaphysique, puis-je demander si tu ne tombes pas ici dans le défaitisme? Si on peut découvrir ce qui cause une bonne partie du comportement humain – tu parles toi-même de créer certaines conditions qui vont permettre d'altérer le comportement des clients – alors pourquoi, et au nom de quel logique, abandonner cette voie tout à coup et à mi-chemin? Pourquoi ne pas au moins viser à découvrir les causes de tout comportement humain? Cela ne veut pas dire réduire l'individu à un simple automate, mais simplement, pour fins de recherche, ne pas ralentir son élan par la croyance que certaines portes nous sont fermées. »[85]

Cette troisième question du scientifique apporte un élément nouveau. Ici, le reproche du scientifique ne consiste pas à remettre en question, de façon radicale ou modérée, la validité comme telle de la connaissance intuitive ou perceptuelle, ou sa capacité d'atteindre le monde réel. Il consiste plutôt à remettre en question l'aspect d'indétermination, ou de liberté profonde, que met en relief le récit du thérapeute praticien et qui apparaît comme un

---

[84] Carl R. Rogers, *On Becoming a Person*, p. 206.
[85] Carl R. Rogers, *On Becoming a Person*, p. 206.

trait fondamental du processus psychothérapeutique, tel que vécu directement par thérapeute et client. Dans la relation thérapeute-client, le thérapeute semble s'appuyer fortement sur la personne en tant que personne. C'est-à-dire, il semble prioriser le fait que le client est doté de liberté, et qu'il est donc capable de responsabilité, capable de faire des choix, capable d'aller dans un sens ou dans l'autre. Et il semble même reconnaître que son propre comportement, comme thérapeute, est celui d'un être foncièrement libre, et donc forcément partiellement imprévisible et impondérable.

Que client et thérapeute soient dotés de libre arbitre semble donc aller carrément à l'encontre de l'élan fondamental de la méthode scientifique, cet élan qui vise « à découvrir les causes de tout comportement ».

Rogers le scientifique contourne ici le dilemme en affirmant simplement que « pour fins de recherche » on ne ralentit « son élan par la croyance que certaines portes nous sont fermées».[86]

Et enfin, le scientifique fait une dernière remarque au thérapeute praticien:

4. « Où se trouve l'outil par excellence lorsqu'il s'agit de guérir la maladie, prévenir la mortalité infantile, améliorer les récoltes, conserver les aliments, et fabriquer tout ce qui rend la vie confortable – à partir des livres jusqu'au bas de nylon –, et comprendre l'univers?

« C'est la méthode scientifique, qui est appliquée à chacun de ces domaines de recherche, et qui sert aussi pour résoudre de nombreux autres problèmes.

« Bien sûr la science permet également d'améliorer les méthodes pour faire la guerre, contribuant ainsi non seulement à améliorer la vie humaine mais aussi à faciliter

---

[86] Carl R. Rogers, *On Becoming a Person*, p. 210-211.

sa destruction. Cependant, même là, le potentiel de la science pour contribuer au bien-être général est immense.

« Alors pourquoi devrions-nous douter de cette même approche dans le domaine des sciences humaines ? Certes, les progrès ont été lents et aucune loi aussi fondamentale que la loi de la gravité n'a encore été démontrée, mais devons-nous abandonner cette approche par impatience? Quelle alternative nous offre autant d'espoir ? Si nous sommes d'accord sur le fait que les problèmes sociaux du monde sont urgents, et si la psychothérapie nous permet d'accéder à la dynamique la plus cruciale et la plus significative par rapport au changement et au comportement humain, alors ne devrions-nous pas faire tout ce que nous pouvons pour appliquer les méthodes et règles scientifiques les plus rigoureuses au domaine psychothérapeutique, et cela sur une échelle aussi large que possible, afin que nous puissions découvrir de plus en plus les lois du comportement individuel et les facteurs qui facilitent le changement d'attitude ? »[87]

Cette quatrième question posée par le scientifique ne représente que l'aboutissement logique des trois premières questions. Elle nous permet de constater dans quelle mesure Rogers se sent obligé d'avoir recours à la méthode scientifique pour se rapprocher de la vérité, et en particulier pour découvrir les lois déterminant le comportement humain.

Comme la science semble extrêmement solide et contribue énormément au progrès de l'humanité, Rogers s'accroche à celle-ci, se sentant incapable d'entrevoir un chemin alternatif: « Quelle alternative offre autant d'espoir ? »

Il laisse même entendre que la science représentait la pierre angulaire pour la compréhension de l'univers.

____

[87] Carl R. Rogers, *On Becoming a Person*, p. 211.

****

Quel fil commun ou reproche fondamental peut-on discerner dans les quatre objections adressées par le scientifique au thérapeute praticien ?

D'après ce que je peux voir, le reproche qui suit : le savoir subjectif ou la perception ne nous fournit pas un outil satisfaisant pour faire progresser notre connaissance des lois du comportement humain. La connaissance subjective est même dangereuse et laisse carrément à désirer. Ceci, pour les raisons suivantes:

1. Je ne sais pas si la connaissance subjective correspond ou non au monde réel, si elle nous permet d'atteindre le réel tel qu'il est.

2. Si nous assumons que la connaissance subjective nous permet un certain accès au monde réel, il demeure néanmoins qu'elle reste imprécise et incertaine, et ne permet donc pas à notre savoir d'avancer et de progresser.

3. La connaissance subjective, en faisant place à la liberté et à l'indétermination, entrave la recherche de lois et de faits. Car qui dit indétermination et liberté, élimine par là même la possibilité d'établir un lien de cause à effet.

Et quelle est la réponse unanime à ce reproche fondamental? La méthode scientifique, qui, telle que décrite ici par Rogers, implique que:

1. La méthode scientifique représente le critère le plus fondamental et le plus fidèle pour atteindre la vérité, et le meilleur et plus sûr moyen pour atteindre le monde réel.

2. Tout ce qui existe peut être mesuré, peut être défini opérationnellement.

3. Tout dans le monde est déterminé, ou du moins, on doit assumer cela, pour fins de recherche, afin que le savoir scientifique avance et progresse.

Le thérapeute praticien pose des questions au scientifique

Maintenant, Rogers donne libre cours à son autre moi intérieur, celui du thérapeute praticien. C'est maintenant à ce dernier de poser des questions au scientifique, qui à son tour doit écouter :

1. « En premier lieu (...) la science porte toujours sur l'autre, sur l'objet. Divers logiciens de la science, y compris le psychologue Stevens, montrent que toute science porte fondamentalement sur l'objet observable, sur l'autre en tant qu'observable. Ceci est vrai, même si le scientifique expérimente sur lui-même, car il se traite alors comme l'autre observable. Cela n'a jamais rien à voir avec le moi observable.

« Cette qualité de la science ne signifie-t-elle pas qu'elle sera toujours forcément non pertinente lorsqu'il s'agit d'une réalité comme la thérapie, où l'intériorité intensément personnelle et hautement subjective joue un si grand rôle, et qui dépend complètement de la relation entre deux individus qui se vivent chacun comme un moi ? (...)

« La science n'a rien à dire sur l'expérience personnelle et toute intérieure que 'je' vis en thérapie. Elle ne peut parler que des événements qui se produisent en 'lui'. »[88]

De ce dernier passage, il devient évident que, selon Rogers, une bonne partie de ce qui se passe dans le processus thérapeutique échappe complètement au regard du scientifique.

Mais il y a plus que cela. Non seulement une bonne partie de ce qui se passe lui échappe, mais, aussi et surtout, cette partie qui lui échappe est précisément celle-là qui est la plus importante, et la plus fondamentale, dans le processus thérapeutique ! Autrement dit : « l'intériorité intensément personnelle et hautement subjective (qui) joue un si grand

---

[88] Carl R. Rogers, *On Becoming a Person*, p. 211-212.

rôle, et qui dépend complètement de la relation entre deux individus qui se vivent chacun comme un moi ».

Donc – et c'est le second point implicite dans ce passage – parce que la science porte toujours sur l'autre comme objet, ne se condamne-t-elle pas à la non pertinence totale dans un phénomène aussi intérieur et subjectif que la thérapie ?

La deuxième question que pose le thérapeute praticien poursuit dans la même ligne de pensée:

2. « Parce que la science a pour champ 'l'autre', 'l'objet', cela signifie que tout ce qu'elle touche est transformé en objet. (...) En thérapie, client et thérapeute deviennent des objets de dissection, pas des personnes avec lesquelles on entre dans une relation vivante. Si nous nous projetons dans le futur, et supposons que nous ayons les réponses à la plupart des questions que la psychologie étudie aujourd'hui, à quoi aboutissons-nous ? Nous nous trouverions dès lors de plus en plus poussés à traiter tous les autres, et même nous-mêmes, comme de simples objets. Tellement grande serait notre connaissance de toutes les relations humaines que nous 'connaîtrions' ces relations au lieu de les vivre de façon irréfléchie. (...)

« Ainsi, le développement de la science dans un domaine comme la thérapie est soit un non-sens et quelque chose sans pertinence aucune, soit une évolution qui ne fera que compliquer notre vie, en nous empêchant de vivre des relations spontanées, et remplies d'imprévisibilité et d'impondérabilité. »[89]

Dans la première question posée par le thérapeute praticien, l'insistance était sur le fait que la connaissance scientifique ne peut pas saisir l'élément le plus important de la thérapie, c'est-à-dire l'intensément personnel et unique. Dans la deuxième question posée par le thérapeute praticien,

---

[89] Carl R. Rogers, *On Becoming a Person*, p. 212-213.

l'accent est mis sur le fait que la science, en transformant tout ce qu'elle touche en objet, constitue une menace très réelle pour la personne en tant que telle en la coupant de cette dimension fondamentale, « vivre des relations spontanées, et remplies d'imprévisibilité et d'impondérabilité ».

Rogers arrive à la même conclusion que celle à laquelle il est arrivé suite à la première question du thérapeute praticien, sauf qu'ici, il ajoute que la méthode scientifique peut nous empêcher « de vivre des relations spontanées, et remplies d'imprévisibilité et d'impondérabilité ».

Le raisonnement ci-dessus laisse entendre encore une fois que la science pourrait un jour parvenir à une compréhension complète et exhaustive du comportement de l'homme.

Le troisième reproche adressé par le thérapeute praticien au scientifique découle logiquement des deux précédents:

3. « Quand la science transforme les gens en objets, comme mentionné ci-dessus, cela a un autre effet. Le résultat final de la science est de conduire à la manipulation. Car si nous arrivons à tout savoir sur la façon dont les apprentissages ont lieu, nous utiliserons ces connaissances pour manipuler les personnes en tant qu'objets. (...)

« Quand tous sont considérés comme de simples objets, l'individu subjectif, le moi intérieur, la personne en devenir, la conscience irréfléchie d'exister, tout le côté intérieur de ce qu'est vivre, est affaibli, dévalué ou détruit. »[90]

La connaissance scientifique représenterait alors non seulement une menace pour celui ou celle qui développe de telles connaissances, en réduisant ses propres relations interpersonnelles à de simples relations entre objets dépersonnalisés, mais elle serait aussi très dangereuse en ce

---

[90] Carl R. Rogers, *On Becoming a Person*, p. 212 to 214.

sens que les rares personnes possédant des connaissances scientifiques pourraient facilement manipuler les masses qui en sont dépourvus.

Il convient de noter ici le désir constant de Rogers de sauver l'aspect subjectif de la vie. Il convient également de noter comment il associe constamment subjectivité et intériorité.

La quatrième et dernière question adressée par le thérapeute praticien au scientifique représente une conclusion devenue maintenant inévitable, étant donné les trois premières:

4. « Finalement, (...) tout cela n'indique-t-il pas que l'éthique représente une dimension plus fondamentale que la science? (...)

« Ici, en psychothérapie, on accorde la priorité à tout ce qui est subjectif, intérieur, et personnel; ici une relation est vécue, non examinée, et une personne, pas un objet, émerge; une personne qui ressent, choisit, croit, agit, non comme un automate, mais comme une personne.

« Alors qu'en science, on accorde la priorité à l'objet ; il s'agit d'explorer obstinément tous les aspects les plus subjectifs de la vie ; de réduire tout ce qui est très personnel, tout ce qui concerne le soi intérieur et l'absolument privé, à des hypothèses, et éventuellement à des théorèmes.

« Et parce que ces deux points de vue s'entrechoquent carrément, nous devons faire un choix. (...)

« Peut-être que c'est possible de faire un choix qui conserve en quelque sorte les deux valeurs, les deux points de vue, mais nous devons choisir. »[91]

****

---

[91] Carl R. Rogers, *On Becoming a Person*, p. 214-215.

De même que l'on peut discerner un fil commun dans les quatre questions que pose le scientifique au thérapeute praticien, on peut également discerner un fil commun dans les quatre questions adressées par le thérapeute praticien au scientifique.

Parce que la science ne s'occupe que de l'objet observable, et parce qu'elle réduit nécessairement tout ce qu'elle touche au statut d'objet, elle menace de priver l'homme de son humanité, de son statut de personne. Elle transforme ce qui est essentiellement une relation personnelle en une relation impersonnelle. Et puisque ce n'est qu'une minorité qui accède à la science, celle-ci risque de permettre à l'élite scientifique de dominer et de manipuler systématiquement les masses qui, elles, en sont généralement privées.

Cela étant reconnu, Rogers précise qu'il faut absolument choisir: soit on choisit la science, ce qui représentera évidemment l'option du scientifique, soit on choisit l'éthique, ce qui représentera évidemment le choix du psychothérapeute praticien.

Comme ces deux visions s'entrechoquent carrément, retenir toutes les deux semble impossible, à moins, commente un Rogers assez sceptique, que quelqu'un arrive éventuellement à trouver un moyen de sauver simultanément les deux valeurs, la vision scientifique et la vision éthique.

Évidemment, l'essentiel des reproches de Rogers en tant que thérapeute praticien provient du fait que la science ne traite que d'objets observables et réduit donc tout ce qu'elle étudie au statut d'objet.

Mais qu'entend exactement Rogers par le terme «objet»?

Bien que je n'en aie aucune preuve formelle, tout semble indiquer que Rogers emprunte le sens de ce terme à Søren Kierkegaard et à Martin Buber, deux auteurs pour lesquels il admet avoir une haute estime et dont la pensée correspond magnifiquement bien, comme je le notais précédemment, à l'expérience qu'il vit quotidiennement en tant que psychothérapeute praticien.

Quoi qu'il en soit, il importe, vu l'importance que revêt ce terme dans l'argumentation de Rogers, d'élucider davantage ce que représente précisément le terme «objet» pour lui.

Lorsque j'ai effectué une analyse textuelle rigoureuse des écrits de Rogers, j'ai réussi à découvrir ce qui suit :

Connaître scientifiquement quelque chose signifie la connaître objectivement. C'est-à-dire comme mesurable et observable. Un être est donc considéré comme un «objet» dans la mesure où il peut être connu scientifiquement, dans la mesure où il peut être mesuré et observé.

La connaissance scientifique implique – c'est clairement ce que laisse entendre Rogers le scientifique – que tout ce qui existe peut être mesuré et que tout ce qui existe est déterminé, causé et complètement intelligible. Par conséquent, rien n'échapperait à la mesure, rien n'échapperait à l'observation.

Ainsi, lorsque Rogers affirme que la science traite des objets et transforme tout ce qu'elle touche en objet, cela revient à dire que, appliquée aux personnes, elle les prive forcément de leur personnalité, de leur intériorité, de leur spontanéité et de leur liberté. Cela veut dire que les êtres humains, comme tous les autres êtres, peuvent être réduits à l'état d'objets, sont potentiellement complètement déterminés et donc intelligibles.

Résumé des deux visions qui s'opposent: regard du thérapeute praticien vs regard du scientifique

Tel est le conflit entre subjectivité et objectivité, entre connaissance subjective et connaissance scientifique, que Rogers a vécu intensément au cours de sa carrière. Et comme je viens de le démontrer, la réflexion qu'il a menée lorsqu'il a donné libre cours à ses deux « moi » en guerre, le moi du thérapeute praticien et le moi du scientifique, n'a servi qu'à aiguiser le conflit, les deux points de vue apparaissant de plus en plus contradictoires et inconciliables.[92]

Deux voix surgissent de la conscience profonde de Rogers.

La première voix affirme:

« Ne te fie pas trop à ta connaissance subjective, car elle est complètement intérieure et privée. Seule la connaissance scientifique te permettra de sortir des sables mouvants de ta subjectivité et te donneras accès au monde réel. Seul le regard scientifique te permettra de jouir d'un accès solide, clair, précis, et certain au monde réel ; seul ce regard te permettra de faire progresser la psychothérapie. »

Mais en même temps une autre voix affirme:

« Ne te fie pas trop à la connaissance scientifique car ce qui est le plus précieux et le plus fondamental dans la personne – son unicité, sa liberté, son sens de responsabilité, sa spontanéité, son imprévisibilité, son devenir intérieur, etc. – échappe complètement à son regard. En d'autres termes, la science n'arrivera jamais à saisir le pilier même, la pierre angulaire de toute thérapie. En fait, la science est non seulement totalement aveugle au cœur du processus thérapeutique, mais si elle est systématiquement appliquée, elle menace même de supprimer ce qui est inobservable, invisible et imprévisible dans la vie ; elle menace de mener l'homme à une aliénation croissante, le privant de ce qui le rend humain. »

Ainsi, le premier point de vue, celui du scientifique, se caractérise par une méfiance à l'égard du savoir subjectif et une confiance profonde en la connaissance objective ou scientifique, tandis que le second point de vue, celui du thérapeute praticien, se caractérise par une méfiance à l'égard du savoir objectif et une confiance profonde dans le savoir subjectif.

---

[92] Carl R. Rogers, *On Becoming a Person*, p. 201.

Le conflit tel qu'il apparait dans *Client-Centered Therapy: Its Practice, Implications and Theory*

Avant d'examiner la solution que Rogers propose à la fin de l'article que je viens d'analyser, j'ai pensé qu'il serait très instructif de procéder à l'étude du même conflit tel qu'il apparaît, mais seulement implicitement cette fois, dans son livre *Client-Centered Therapy*.

Comme je n'ai pas pu déterminer la date exacte de rédaction de l'article *Persons or Science? A Philosophical Question*, il m'est également impossible de déterminer si la rédaction du livre *Client-Centered Therapy* a précédé ou suivi chronologiquement celle de cet article. Tout ce que je sais avec certitude, c'est que les deux ont été écrits pendant la même période de vie de Rogers.

Étant donné que le conflit entre subjectivité et objectivité n'est pas explicitement abordé dans *Client-Centered Therapy*, j'ai choisi, pour assurer une certaine unité et cohérence à mon analyse, d'examiner d'abord les textes où Rogers se réfère à la science et la connaissance objective, et ensuite ceux où il se réfère à la connaissance subjective et la perception intuitive.

Objectivité: sa notion de science

Le premier texte qui retiendra mon attention est tiré de la préface.

Rogers explique d'abord au lecteur le but de son livre, puis, après avoir brièvement décrit son expérience de psychothérapeute, il explique le sens qu'a, pour lui et ses collègues psychothérapeutes, la connaissance scientifique:

« Mais le livre exprime aussi, à mon avis, notre conviction de plus en plus grande que bien que la science ne puisse jamais produire des thérapeutes, elle peut faciliter et améliorer le processus thérapeutique; que bien que les découvertes scientifiques soient froides et abstraites, elles peuvent nous aider à libérer des forces chaleureuses, personnelles et complexes; et que, bien que la science soit lente et tâtonne, elle représente la meilleure voie que nous connaissions pour atteindre la vérité, même dans un domaine aussi délicat et complexe que celui des relations humaines. »[93]

Que veut dire Rogers ici?

Il est impossible de répondre à cette question si l'on ne lie pas ce qu'il dit ici à l'ensemble de sa pensée. Quand Rogers affirme que la science représente la meilleure voie pour atteindre la vérité, laisse-t-il entendre par là qu'elle seule permettrait à l'homme d'accéder à une réalité claire et solide, au monde réel? Ou laisse-t-il simplement entendre, au contraire, que c'est le meilleur moyen dont dispose l'homme pour vérifier et perfectionner toute sa connaissance subjective de la réalité, la rendant toujours plus certaine, toujours plus précise et toujours plus solide?

Pour le moment je préfère ne pas tenter de répondre à cette question.

Suite à la préface, Rogers discute de l'origine et du développement de la thérapie centrée sur le client. Après avoir souligné les facteurs culturels responsables de sa naissance, il ajoute immédiatement qu'il y a d'autres facteurs, encore plus déterminants, en jeu:

« Plus profondément, la thérapie centrée sur le client provient d'observations étroites, intimes et spécifiques du comportement de l'homme dans une relation, des observations qui, croit-on, transcendent dans une certaine mesure les limites ou influences d'une culture donnée. Cette approche thérapeutique tente de découvrir, dans ses recherches, les lois significatives qui sont à l'œuvre dans une relation thérapeutique. Elle s'efforce d'identifier des invariants, des séquences comportementales qui sont vraies

---

[93] Carl R. Rogers, *Client-Centered Therapy*, p. xi.

non seulement momentanément ou dans une culture particulière, mais qui décrivent la façon dont fonctionne la nature humaine. »[94]

Il ressort clairement du passage ci-dessus que la vérité que cherchent à découvrir Rogers et ses collègues scientifiques est une vérité qui transcende à la fois temps et culture. Ils essaient d'identifier les invariants qui décrivent la manière dont fonctionne la nature humaine, et pour y arriver ils procèdent à des observations étroites et intimes du comportement de l'homme dans une relation.

Il est très difficile de déterminer la portée exacte du passage que nous venons de citer. Sans aucun doute, Rogers manifeste ici sa foi dans le caractère transcendant de la vérité. Mais suggère-t-il aussi que seule la connaissance scientifique serait capable de saisir le caractère transcendantal de la vérité? Suggère-t-il que seule la science serait capable d'atteindre des vérités fondamentales au sujet des relations humaines, des vérités qui transcendent temps et culture?

Pour le moment, je n'essaierai pas de répondre à cette question.

À la page suivante, Rogers fait une autre affirmation qui peut faire avancer mon enquête actuelle. On a eu tendance à considérer la thérapie non-directive comme une technique, une méthode, « un système plutôt rigide ». C'est absolument faux. La thérapie centrée sur le client est précisément caractérisée par le changement plutôt que par la rigidité, affirme-t-il:

« Dans ce flux de pensée changeante, il y a quelques hypothèses centrales qui confèrent de l'unité à la recherche. Peut-être que l'une des raisons pour lesquelles la thérapie centrée sur le client s'est avérée aussi stimulante pour la

---

[94] Carl R. Rogers, *Client-Centered Therapy*, p. 5.

recherche, c'est que ses hypothèses sont vérifiables, elles peuvent être soumises à validation ou invalidation ; c'est que cette thérapie offre ainsi, contrairement à la stagnation du dogme, un espoir de progrès. Il semble plus que probable que la psychothérapie, grâce aux efforts de divers chercheurs, soit en voie de sortir du domaine du mystique, de l'intuitif, du personnel, et de l'indéfinissable, et en train d'accéder à la pleine lumière de l'examen objectif. »[95]

Avant de tenter d'interpréter ce dernier texte, je vais passer directement à l'examen d'un autre qui, j'en suis sûr, apportera un éclairage nouveau et fort pertinent.

Cependant, avant de passer à l'examen du texte en question, il s'avère important, pour en saisir le sens véritable, d'établir le contexte dans lequel il apparaît.

Rogers vient d'affirmer que la philosophie opérationnelle de l'étudiant qui reçoit une formation en counseling détermine, dans une large mesure, le temps qu'il lui faudra pour acquérir les habiletés nécessaires à son travail. S'il est déjà enclin, avant même d'initier sa formation, à respecter les personnes et à les laisser choisir elles-mêmes leurs propres objectifs et valeurs, alors les techniques centrées sur le client qu'on lui enseigne ne feront que renforcer une attitude préexistante, rendant d'autant plus facile et rapide l'apprentissage. Si, au contraire, l'étudiant qui débute sa formation tend à utiliser les personnes, à les dominer et à les traiter comme un simple objet à diagnostiquer, à disséquer et à manipuler, il trouvera très difficile la pratique des techniques centrées sur le client, ce qui augmentera le temps requis pour sa formation.

C'est suite à cette remarque que Rogers poursuit dans les termes suivants:

---

[95] Carl R. Rogers, *Client-Centered Therapy*, p. 20.

« À la lumière de ce qui précède, on peut être amené à se demander si la thérapie centrée sur le client ne représenterait pas un simple culte, ou une philosophie spéculative, selon laquelle la présence d'un certain type de foi ou de conviction produirait certains résultats, et l'absence d'une telle foi ou conviction empêcherait ces résultats de se produire. Autrement dit, la thérapie centrée sur le client représente-t-elle une simple illusion qui produit d'autres illusions?

« Une telle question mérite un examen attentif. Les observations à ce jour semblent indiquer qu'il faut répondre non à cette dernière question. La preuve la plus éclatante : l'expérience vécue par divers psychologues, dont l'orientation philosophique préexistante à leur formation était plutôt éloignée de celle décrite comme favorable à une utilisation optimale des techniques centrées sur le client. (...)

« L'attitude particulière, la philosophie des relations humaines sur laquelle se fonde le counseling centré sur le client, n'est pas quelque chose qui doit être acceptée comme un article de foi, quelque chose à laquelle on arrive d'un seul coup. C'est un point de vue qui peut être adopté partiellement et mis à l'épreuve. Ce n'est qu'une hypothèse par rapport aux relations humaines, et le restera toujours. (...)

« Il semblerait justifié de dire que la foi ou la croyance dans la capacité de l'individu à gérer sa situation psychologique et à se prendre en main est du même ordre que toute hypothèse scientifique. C'est une base positive pour l'action, mais qui demeure une hypothèse qui peut être validée ou invalidée. »[96]

---

[96] Carl R. Rogers, *Client-Centered Therapy*, p. 22-23.

Quelle est la signification de ces derniers passages ? Que révèlent-ils à propos de la conception de la science de Rogers?

Les textes que j'ai analysés jusqu'ici me permettent, je crois, de répondre à ces questions.

À ceux d'entre vous qui soupçonnent que la philosophie sur laquelle repose la thérapie centrée sur le client n'est simplement qu'une affaire de culte ou de philosophie spéculative selon laquelle un certain type de foi ou de croyance produirait certains résultats et où leur absence les empêcherait; à ceux d'entre vous qui soupçonnent, en d'autres termes, que toute cette affaire de thérapie centrée sur le client n'est rien d'autre qu'une illusion qui en produit d'autres ; à vous tous, affirme Rogers, je réponds ce qui suit : l'expérience a clairement montré que de nombreux thérapeutes qui étaient, de par leur prédisposition philosophique, très éloignés d'une telle approche, ont fini par l'adopter, par la faire leur, parce que lorsqu'ils en ont fait l'essai, ils ont constaté que cela fonctionnement effectivement !

Donc, vous voyez, ce que je propose ici ne repose pas sur une simple foi aveugle. Ce n'est pas non plus une illusion. Lorsque testé, la thérapie centrée sur le client fonctionne, elle apporte des résultats positifs. Elle ne représente pas un dogme mais plutôt simplement une hypothèse dans les relations humaines, et hypothèse elle le restera toujours !

Il me semble indéniable que Rogers nage ici dans une ambiguïté considérable. Bien que ma pensée ne soit pas encore arrêtée sur ce point, je suis fortement enclin à voir cette ambiguïté de la manière suivante.

Si Rogers s'accroche si fortement à l'aspect hypothétique de sa foi dans les êtres humains, c'est parce qu'une voix en lui – la voix issue de sa formation systématique au positivisme logique – proclame haut et fort :

« Si une vérité n'est pas scientifique, si elle n'est pas vérifiable et éventuellement vérifiée et validée, elle n'a aucune réalité, elle n'a aucun fondement, et elle ne peut qu'être un article de foi, un dogme, ou, ce qui revient au même, une simple illusion.

Cela ne représenterait-il pas le sens profond du texte ci-dessus que j'ai volontairement laissé sans interprétation, le texte dans lequel Rogers affirme clairement qu'il est plus que probable que la psychothérapie sortira progressivement du domaine du mystique, de l'intuitif, du personnel, et de l'indéfinissable, et entrera un jour dans la pleine lumière de l'examen objectif ? En d'autres termes, ne laisse-t-il pas entendre ici que ce qui est actuellement non observable, imprévisible et indéfinissable dans les relations humaines, le deviendra un jour ? Sera pleinement observable, pleinement prévisible, et pleinement définissable?

Je dois admettre que dans un sens je peux voir ce que Rogers veut dire ici et que ce qu'il affirme me parait justifiable. Si le texte signifie seulement que la psychothérapie centrée sur le client n'est pas un simple rêve mystique et qu'elle a effectivement été vérifiée, alors je suis d'accord.

Cependant, à un autre égard, je ne suis pas d'accord avec la déclaration de Rogers parce qu'elle se prête, selon moi, à une autre interprétation qui révèle un esprit de scientisme. Elle laisse entendre que la connaissance, à moins d'être soumise à la méthode scientifique, ne saurait avoir de la validité, ne saurait être objective et ne serait qu'une simple illusion ou culte. Elle laisse entendre que la connaissance et la foi – ici je ne parle pas de foi religieuse, mais de foi humaine dans le sens où en parle Gabriel Marcel dans ses œuvres – que les gens vivent dans leur vie quotidienne de routine sont dépourvues de validité à moins d'être soumises aux critères de la science. Elle laisse entendre que, sans les expériences réalisées grâce à la méthode scientifique, la foi et l'impact qu'elle aurait sur les autres dans les relations humaines pourraient n'être qu'une illusion. Elle laisse entendre que la foi qu'appelle et présuppose toute relation profonde avec un autre être humain pourra, certes, produire des résultats positifs, pourra s'avérer fructueuse, mais qu'elle ne restera toujours qu'une simple hypothèse, soumise, comme toute hypothèse scientifique, à validation ou invalidation. Rien de plus.

Ne rencontre-t-on pas ici la même problématique qui émergeait du récit de Rogers le scientifique dans l'article *Persons or Science? A Philosophical Question*? lorsqu'il posait sa première question cinglante à Rogers le thérapeute praticien ? Plus précisément, ne retrouve-t-on pas le même cadre idéologique qui conduisait le scientifique à remettre radicalement en question le récit du thérapeute praticien ?

« Comment peux-tu savoir que cette expérience que tu viens de décrire, ou toute autre expérience antérieure ou postérieure à celle-ci, est vraie ? Comment fais-tu pour t'assurer que ce que tu racontes correspond à la réalité ? Si on doit se fier à cette expérience intérieure et subjective comme étant la vérité quant aux relations humaines ou aux façons de modifier la personnalité, alors le Yogi, la science chrétienne, la dianoétique et les illusions d'un individu psychotique qui se croit Jésus-Christ sont tous également vrais, tout aussi vrais que cette description que tu viens de faire du processus thérapeutique. »

Subjectivité: sa notion de la perception
Dans le dernier chapitre de *Client-Centered Therapy*, Rogers présente la théorie de la personnalité et du comportement que sa longue expérience en psychothérapie lui a permis de formuler. Il réduit celle-ci à dix-neuf propositions courtes, chacune suivie d'un mot d'explication.

J'examinerai maintenant les deux premières propositions qui portent explicitement sur la connaissance subjective. Mais avant de le faire, une remarque importante.

« Certaines de ces propositions doivent être considérées comme des suppositions, tandis que la majorité peut être considérée comme une hypothèse soumise à preuve ou réfutation», affirme Rogers. En d'autres termes, certaines propositions énoncent des vérités qui sont évidentes, qui doivent donc être simplement prises pour acquises, tandis que d'autres ne sont que de simples hypothèses qu'il faut valider par des observations scientifiques.

Il n'est pas surprenant que les propositions un et deux, qui traitent de la connaissance subjective, tombent dans la catégorie de la supposition ou prémisse. Rogers ne le dit pas en autant de mots, mais le laisse clairement entendre quand il affirme que les propositions un et deux peuvent être « illustrées à partir de l'expérience quotidienne de chacun ».

Gardant cela à l'esprit, je vais maintenant examiner chacune de ces deux propositions:

Proposition 1: *Chaque individu existe dans un monde d'expérience en constante évolution et dont il est le centre.*[97]

Après avoir énoncé la proposition, Rogers la commente. Son commentaire répète et complète ce dont nous avons déjà discuté plus haut.

Le monde privé de l'individu peut être appelé le «champ phénoménal» ou «le champ expérientiel». Il inclut tout ce qui se passe (et qui est vécu) dans l'organisme, que ce soit ou non consciemment perçu. Seules certaines expériences sont vécues consciemment, d'autres n'étant pas admises à

---

[97] Carl R. Rogers, *Client-Centered Therapy*, p. 483.

la conscience et d'autres n'étant que « disponibles » à la conscience.[98] Ce monde de l'expérience est privé, il n'est véritablement connaissable, « au sens authentique ou complet », qu'à la personne elle-même.

Ce qu'il faut comprendre, ici, par rapport à notre enquête générale, c'est que, selon Rogers, chaque personne est seule dans son monde de significations et de valeurs; chaque personne vit dans un monde privé et unique. Par conséquent, il ou elle seule peut accéder, au sens authentique, à ce monde, les autres personnes ne communiant pas avec ce monde.

Proposition 2: *L'organisme réagit à son champ perceptuel tel qu'il est vécu et perçu; ce champ perceptuel représente, pour l'individu, la réalité.*

Il s'agit d'une affirmation simple, qui exprime bel et bien ce que nous vivons tous les jours, mais dont nous ne sommes pas toujours suffisamment conscients. Je ne réagis pas à une réalité absolue, mais plutôt à *ma perception* de cette réalité. C'est cette perception qui, pour moi, représente la réalité, insiste Rogers.[99] Et il poursuit:

« Pour illustrer le fait que, pour un individu, la réalité se réduit à la perception qu'il en a, nous pouvons emprunter une affirmation chère aux sémanticiens. Ces derniers soulignent qu'existent le même rapport entre, d'une part, les mots et symboles, et, d'autre parte, le monde réel, qu'entre une carte géographique et le territoire auquel elle se réfère. (…) La « carte » perceptuelle qui guide notre vie

---

[98] Rogers souligne qu'une expérience est «disponible» à la conscience quand elle n'est pas réellement perçue (ou dans le champ de la conscience) mais quand rien ne l'empêche d'être perçue. De toute évidence, une expérience qui contraste fortement avec son image de soi ne serait pas «disponible» à la conscience.

[99] Carl R. Rogers, *Client-Centered Therapy*, p. 484.

n'est jamais la réalité elle-même. (Les italiques sont miennes) (...)

« Selon moi, il semble inutile de chercher à découvrir ou d'essayer d'expliquer en quoi consiste la 'vraie' réalité. Pour comprendre les phénomènes psychologiques, la réalité est, pour l'individu, ses perceptions. À moins que nous désirions nous engager dans des questions philosophiques, nous n'avons pas besoin d'essayer de résoudre la question de savoir ce qui constitue réellement la réalité. À des fins psychologiques, la réalité est fondamentalement le monde privé des perceptions individuelles, bien que, pour des buts sociaux, la réalité représente les perceptions dont le sens est commun à la plupart des individus. Ainsi, ce bureau est « réel » parce que la plupart des gens dans notre culture ont une perception très similaire à la mienne.

« Bien qu'il ne soit pas nécessaire pour nous de définir en quoi consiste la 'vrai' réalité, il convient de noter que l'homme vérifie constamment ses perceptions, les comparant les unes aux autres, ou les additionnant les unes aux autres, ceci afin qu'elles deviennent des guides de plus en plus fiables pour atteindre la réalité. Par exemple, je vois du sel dans un plat. Pour moi, à ce moment-là, c'est la réalité. Si je le goûte et que le goût est salé, ma perception initiale est alors confirmée. Mais si le goût est sucré, alors cela altère toute mon interprétation de la situation, et dans mon expérience à la fois visuelle et gustative, je perçois dorénavant la matière comme du sucre. Ainsi, chaque perception est essentiellement une hypothèse – une hypothèse liée au besoin de l'individu – et l'expérience vécue nous permet de vérifier de façon répétitive plusieurs de ces perceptions. (...)

« Ainsi le monde se compose d'une série d'hypothèses vérifiées qui fournissent beaucoup de sécurité. Pourtant, mêlés à ces perceptions, qui ont été confirmées par une variété d'expériences, se trouvent aussi des perceptions qui restent complètement non validées. Ces perceptions non validées font également partie de notre réalité personnelle et peuvent avoir autant d'influence sur nous que celles qui ont été validées ».[100]

Si j'ai longuement cité Rogers ici, c'est parce que je crois que ce passage nous amène au cœur du problème de la connaissance subjective tel qu'il le vit. Comme beaucoup d'autres, il n'est pas facile à interpréter.

Il me semble qu'au fond, Rogers ne fait que remettre en question ici ce que j'appellerais le réalisme 'naïf', c'est-à-dire un type de réalisme selon lequel l'homme accèderait à la réalité de façon instantanée et absolue, un peu comme une caméra prenant une photo. Non, affirme Rogers, la question n'est pas du tout aussi simple que cela ; l'homme ne réagit pas à une soi-disant réalité absolue mais plutôt *à ce qu'il perçoit comme étant la réalité*. Pour chaque individu, c'est strictement sa propre perception de la réalité qui constitue la réalité. Nous ne vivons pas selon la réalité telle quelle mais selon « une carte perceptuelle qui n'est jamais la réalité même ».

Se pose alors immédiatement la question de savoir si chaque personne ne serait pas ainsi emprisonnée dans son propre monde de perceptions, condamnée à ne jamais connaître le monde réel. Dans un tel contexte, le passage précédemment analysé, qui avait jeté un doute radical sur la validité de la connaissance subjective, ne nous scandalise plus.

Ceci dit, Rogers évite de s'engager pour le moment dans cette question épineuse en affirmant que celle-ci relève d'un débat philosophique, et ne concerne pas les phénomènes psychologiques dont se préoccupent les thérapeutes.

---

[100] Carl R. Rogers, *Client-Centered Therapy*, p. 485-486.

Cependant, il ne laisse pas l'affaire dans l'obscurité complète, et s'engage tout de même, sans doute sans s'en rendre compte, dans un débat philosophique.

Bien que nous ne sachions pas jusqu'à quel point nos perceptions atteignent le monde réel, explique Rogers, nous savons que nous vérifions continuellement nos perceptions les unes par rapport aux autres, ou que nous les additionnons les unes aux autres. Ceci, afin qu'elles deviennent un guide de plus en plus fiable au monde réel.

L'exemple que Rogers utilise comme illustration mérite une attention particulière. Voir du sel dans un plat, c'est supposer que la réalité perçue est du sel. Goûter cette réalité, c'est confirmer ou réfuter l'hypothèse initiale : c'est du sel. Si ce que je goûte est sucré, alors je change mon interprétation et j'affirme qu'il ne s'agit pas de sel mais plutôt de sucre. Et Rogers de conclure, de l'observation précédente, que percevoir, c'est fondamentalement émettre une hypothèse.

Il devient maintenant possible de comprendre ce que signifie le monde privé dans lequel vit l'individu, tel que décrit par Rogers dans la Proposition 1. Ce monde est essentiellement composé d'hypothèses ou de perceptions, dont certaines sont vérifiées mais dont beaucoup ne sont pas validées. Et les perceptions non validées, note Rogers, peuvent avoir autant d'influence sur l'individu que celles qui ont été validées.

Une telle conception de la connaissance subjective ne peut que conduire à certains problèmes fondamentaux. Quand j'ai analysé l'article *Persons or Science? A Philosophical Question*, j'ai conclu que la perception, selon Rogers, se réfère à l'intériorité, à l'immanence. Et le commentaire explicatif qu'il fait après avoir énoncé la Proposition 1 ne fait que confirmer cette conclusion et aide à expliquer pourquoi Rogers, le scientifique, pourrait être amené à remettre radicalement en question le récit de Rogers, le thérapeute praticien.

Sans doute que Rogers, en définissant l'acte de percevoir comme la simple formulation d'une hypothèse, n'avait pas la moindre intention de philosopher. Cependant, en ce faisant, il entrait de plein pied dans le monde de la philosophie. Et sa définition de ce que signifie connaître ou percevoir laisse énormément à désirer et n'est même pas, à mon avis, logique.

Dire que l'une des caractéristiques les plus remarquables de la connaissance humaine, c'est l'émission constante d'hypothèses, c'est une chose. Mais réduire la connaissance ou la perception à l'émission d'hypothèses, dire que percevoir, c'est faire une hypothèse, c'est autre chose!

Car strictement parlant, une hypothèse ne peut jamais, par elle-même, confirmer ou infirmer une autre hypothèse, pas plus qu'elle ne peut se confirmer ou s'infirmer elle-même. *Formuler une hypothèse n'est pas la même chose que la vérifier.* Je peux émettre l'hypothèse que quelque chose est du sel mais quand je goûte la matière comme vraiment salée, je ne suis plus en train d'émettre une nouvelle hypothèse ! Je suis en train de percevoir, je suis en train de connaître !

Si percevoir ou connaître, c'est faire une hypothèse, cela impliquerait que le fait de vérifier la validité d'une hypothèse est dépourvu de perception ou de connaissance.

On peut toujours émettre des hypothèses sans jamais atteindre, ce faisant, la réalité. C'est par un acte de connaissance qui atteint le réel que j'infirme ou confirme une hypothèse.

Chapitre 4 - La solution du conflit

La solution proposée dans *Persons or Science? A Philosophical Question*

Ayant tenté d'obtenir une image aussi exacte que possible du conflit vécu par Rogers entre subjectivité et objectivité, j'examinerai maintenant la solution à laquelle il arrive lui-même à la fin de son article *Persons or Science? A Philosophical Question.*

Rogers précise qu'il n'est arrivé à cette solution qu'environ un an après qu'il eut tenté de mettre sur papier le conflit intérieur qu'il ressentait, et ceci suite à « des échanges avec étudiants, collègues et amis ».[101]

« Peu à peu, je suis venu à croire que l'erreur la plus fondamentale dans la formulation originale provenait de ma conception de la science, affirme Rogers (...)

« La lacune majeure était, je crois, de considérer la science comme un corpus jouissant d'une existence autonome, quelque chose d'épelée avec un S majuscule, un 'ensemble de connaissances existant quelque part dans l'espace et le temps'. Comme de nombreux autres psychologues, je considérais la science comme une collection systématique et organisée de faits provisoirement vérifiés, et voyais dans la méthodologie de la science le moyen socialement accepté pour développer ce corpus de connaissances et poursuivre sa vérification. La science m'apparaissait comme une sorte de réservoir dans lequel tout le monde pouvait tremper son seau pour obtenir de l'eau – avec une garantie de pureté de 99%.

« Vue de cette manière extérieure et impersonnelle, il ne semble pas déraisonnable que la Science apparaisse non seulement comme le lieu par excellence où découvrir le

---

[101] Carl R. Rogers, *On Becoming a Person*, p. 215.

savoir, mais aussi comme un outil qui aboutit à la dépersonnalisation, la tendance à manipuler, et le déni de cette liberté fondamentale dont je fais régulièrement l'expérience dans le processus thérapeutique. »[102]

L'erreur fondamentale, alors, dans sa manière précédente de présenter le conflit subjectivité vs objectivité, provenait de sa notion de science. La science avait d'abord semblé à Rogers comme un corpus de connaissances existant en dehors des personnes, en dehors de leur expérience subjective. Elle était apparue comme le critère – le premier et le plus fondamental – de toute vérité, un «réservoir» dans lequel toute connaissance pouvait être versée pour en sortir pure d'erreur et d'illusion, et ceci à 99%.

Mais Rogers a découvert son erreur. La science n'existe pas en quelque part dans le ciel, mais toujours et seulement, *à l'intérieur* des personnes:

« Chaque projet scientifique provient de l'intérieur d'une ou des personnes. C'est là qu'il naît, se développe, et arrive à maturité. La connaissance – même la connaissance scientifique – n'est que ce qui est subjectivement acceptable. La connaissance scientifique ne peut être communiquée qu'à ceux qui sont subjectivement disposés à l'accueillir. La recherche scientifique ne s'effectue que par l'intermédiaire de personnes qui poursuivent des valeurs qui ont un sens pour elles.

« Ces déclarations résument très brièvement ma nouvelle façon de concevoir la science. »[103]

C'est ainsi que Rogers résout son conflit subjectivité vs objectivité.

Quel était le cœur du conflit? À certains égards sa confiance dans la science et sa méfiance envers la

---

[102] Carl R. Rogers, *On Becoming a Person*, p. 215-216.
[103] Carl R. Rogers, *On Becoming a Person*, p. 216.

connaissance subjective, et, en même temps, à d'autres égards, sa méfiance envers la science et sa confiance dans la connaissance subjective.

Et comment résout-il ce dilemme?

La science n'est plus conçue comme un 'réservoir' externe et impersonnel qui filtrerait tout le savoir et le rendrait pur à 99% d'erreur et d'illusion. Au lieu de cela, il est reconnu que toute connaissance, y compris la connaissance scientifique, représente un processus qui se déroule à l'intérieur de personnes concrètes, et un processus qui ne produit jamais de vérités nobles et absolues, des vérités ayant une existence impersonnelle et extérieure aux personnes.

« Il n'y a que des croyances provisoires, qui n'existent que subjectivement à l'intérieur d'un certain nombre de personnes différentes. Si ces croyances ne sont pas provisoires, alors il s'agit d'un dogme, pas de science », affirme Rogers.[104]

En outre, la science n'apparaît plus comme menant à la dépersonnalisation et la négation de la liberté, car toute connaissance, y compris la connaissance scientifique, « n'est que ce qui est subjectivement acceptable ».

Une partie du conflit provenait du fait que le scientifique remettait en question de façon radicale le récit du thérapeute praticien, se permettant même d'accuser ce dernier de vivre dans un monde d'illusions. Rogers résout ce problème en affirmant clairement qu'en dernière analyse « le scientifique peut (...) placer plus de confiance dans ses réactions organismiques totales (ces dernières réactions se référant à ce que Rogers entend par connaissance subjective ou perceptuelle) que dans les méthodes de la science ».[105] Il

---

[104]Carl R. Rogers, *On Becoming a Person*, p. 219.
[105] Carl R. Rogers, *On Becoming a Person*, p. 219.

semble donc que Rogers admette la priorité de la connaissance subjective sur la connaissance scientifique, du moins dans un certain sens.

Je dois admettre que cette solution semble, à mon avis, très valable. Rogers a vraiment réussi à adoucir sa conception de la science afin de faire davantage de place à la personne existentielle dans toute sa spontanéité, son impondérabilité et sa liberté. Il a fait cela en mettant davantage l'accent sur ce dernier aspect de l'expérience humaine, et plus précisément *en reconnaissant la priorité et/ou la plus grande fiabilité du savoir subjectif ou expérientiel par rapport à la connaissance scientifique.*

Cela étant dit, je ne peux m'empêcher de sentir que la solution qu'il a trouvée laisse à désirer à certains égards et ne résout pas vraiment le conflit subjectivité vs objectivité tel qu'il a été soulevé dans la première partie de *Persons or Science? A Philosophical Question.*

Les analyses textuelles qui suivent aideront le lecteur à comprendre pourquoi.

Solution proposée dans *A Theory of Therapy*

L'article *A Theory of Therapy* a été publié en 1959 et a été écrit au moment de sa publication. Au moins huit années s'étaient donc écoulées depuis la première tentative de Rogers, dans *Persons or Science? A Philosophical Question*, pour trouver une solution au dilemme subjectivité vs objectivité.

Un seul texte dans *A Theory of Therapy* retiendra mon attention. Rogers, après avoir fourni au lecteur une courte autobiographie et juste avant de présenter sa théorie de la thérapie, énumère quelques-unes de ses convictions personnelles fondamentales.

C'est la huitième de ses convictions personnelles qui va retenir mon attention:

« Pour que le lecteur puisse se faire une idée exacte de toute théorie que je pourrais présenter, il doit tenir compte d'une autre de mes convictions personnelles. C'est ma croyance en la prédominance fondamentale du subjectif. L'homme vit essentiellement dans son propre monde personnel et subjectif, et même son fonctionnement le plus objectif, en science, en mathématiques et dans les autres domaines, est le résultat d'un dessein subjectif et d'un choix subjectif. En ce qui concerne la recherche et la théorie, par exemple, ma perception subjective actuelle, c'est que l'instrument de la science telle que nous la connaissons – définitions opérationnelles, méthode expérimentale, preuve mathématique – représente le meilleur moyen dont nous disposons pour éviter l'erreur. Mais je ne dois pas oublier que si j'avais vécu il y a deux siècles, ou si je devais vivre deux siècles d'ici, un autre chemin vers la vérité pourrait sembler tout aussi valable. Pour le dire plus brièvement, *il me semble que bien qu'il puisse y avoir une vérité objective, je ne pourrai jamais la connaître; tout ce que je peux savoir, c'est que certaines déclarations me semblent subjectivement comme étant la vérité objective*. Ainsi, la connaissance Scientifique n'existe tout simplement pas ; tout ce qui existe, ce sont des perceptions individuelles de ce qui apparaît à chaque personne comme étant la connaissance scientifique.

« Comme il s'agit d'une question vaste et philosophique, pas trop étroitement liée à ce qui suit, je ne m'efforcerai pas de l'exposer plus en détail mais me contenterai de renvoyer quiconque voudrait approfondir la question à un article dans lequel j'ai tenté d'exposer ce point de vue de façon plus complète. » (Les italiques sont de moi)[106]

L'article auquel Rogers réfère tout lecteur qui voudrait approfondir la question n'est autre que celui que je viens

---

[106] Carl R. Rogers, *A Theory of Therapy...*, p. 191-192.

d'analyser plus haut, *Persons or Science? A Philosophical Question.* Et comme Rogers déclare explicitement que dans cet article il a essayé « d'exposer ce point de vue de façon plus complète », on doit conclure que cette solution reflète toujours ses opinions et donne probablement la clé de la solution à laquelle il est arrivé concernant le conflit entre subjectivité et objectivité.

Cela étant reconnu, et étant donné que Rogers dans *A Theory of Therapy* présente sa huitième conviction personnelle afin de faire la lumière sur la solution fondamentale à laquelle il est arrivé dans *Persons or Science? A Philosophical Question*, il faut conclure que Rogers semble sauver la subjectivité en supprimant tout simplement l'objectivité.

Aujourd'hui, dans notre monde actuel, la méthode scientifique apparaît à mes collègues comme à moi comme la meilleure voie vers la vérité, affirme Rogers. Mais si j'avais vécu à un autre moment dans l'histoire – passé ou futur – alors une autre voie vers la vérité aurait pu sembler également ou plus valable.

En d'autres termes, bien qu'il puisse y avoir une vérité objective, je ne peux jamais l'atteindre. Tout au plus, je peux affirmer que quelque chose me semble objectif, que je *perçois* quelque chose comme étant objectivement vraie. « La connaissance scientifique n'existe pas », affirme Rogers. « Tout ce qui existe, ce sont des perceptions individuelles de ce qui apparaît à chaque personne comme étant la connaissance scientifique. »

Rogers ne fait-il pas essentiellement valoir ici que tout savoir subjectif est purement immanent? Ne suggère-t-il pas que l'homme est fondamentalement emprisonné dans sa perception du monde, dans son propre monde privé et unique?

Si la connaissance scientifique – que Rogers identifie à connaissance objective, perçue comme source de toute précision, rigueur et progrès dans la connaissance – n'apparaît plus dangereuse et menaçante pour ce qui constitue le cœur même de la relation psychothérapeutique et de la personne en tant que telle – spontanéité, imprévisibilité, singularité, sens de responsabilité, liberté – c'est parce que l'homme ne peut jamais l'acquérir, l'homme ne peut jamais vraiment l'atteindre! Certes la vérité objective semble exister et existe peut-être théoriquement; mais tout ce que je peux savoir, c'est que certaines déclarations me semblent avoir les qualifications de vérités objectives. Pas plus. Je ne peux jamais dire que quelque chose est objectivement vraie; je peux tout au plus affirmer que je PERÇOIS quelque chose comme étant vraie.

Dans mon analyse du conflit intérieur vécu par Rogers entre subjectivité et objectivité, j'ai noté que, d'une part, la méthode scientifique impliquait la détermination et l'intelligibilité complètes de l'univers et de l'homme lui-même et, d'autre part, que le cœur même de la thérapie centrée sur le client reposait sur une relation thérapeute-client fort personnelle et unique, une relation caractérisée par la spontanéité, la liberté et l'imprévisibilité. De cette opposition naissait une guerre ouverte et inévitable entre Rogers le scientifique et Rogers le thérapeute praticien.

Maintenant, Rogers résout le problème sans cesser de considérer l'univers et même les personnes comme complètement déterminés et intelligibles, mais seulement en affirmant la prédominance du subjectif sur l'objectif. Ou, en d'autres termes, *en affirmant que toute connaissance, même scientifique, est subjective en ce sens qu'elle est toujours hypothétique et provisoire.* L'homme ne connaît jamais la réalité dans sa détermination et donc la connaissance objective cesse de représenter une menace pour la liberté.

Sans aucun doute, le texte que je viens de citer – la huitième conviction personnelle fondamentale de Rogers – et surtout ces lignes que j'ai mises en italique, est très radicale et de grande conséquence. Curieusement, ces mêmes lignes, telles qu'elles apparaissent dans une traduction française publiée trois ans plus tard, ne sont pas correctement traduites. Le texte français se lit comme suit:

« En résumé, quoique je me rende compte de la possibilité de l'existence d'une vérité objective, je me rends compte en même temps de ce que je ne pourrai jamais la connaître pleinement ».[107]

De toute évidence il existe une énorme différence entre ce que Rogers affirme dans la version originale anglaise et ce qui est affirmé dans la traduction française. La version anglaise énonce: *bien qu'il puisse y avoir une vérité objective, je ne pourrai jamais la connaître* alors que la version française dit plutôt: *quoique je me rende compte de la possibilité de l'existence d'une vérité objective, je me rends compte en même temps de ce que je ne pourrai jamais la connaître pleinement.*

La version anglaise affirme carrément qu'on ne peut jamais connaître la vérité objective alors que la version française indique seulement qu'on ne peut jamais la connaître pleinement.

J'ignore si cette nuance, évidemment importante, dans la traduction de Kinget est volontaire. Cependant, compte tenu du fait que Rogers lui-même considère cette conviction comme fondamentale – il affirme qu'il faut en tenir compte pour se faire une idée exacte 'de toute théorie que je pourrais présenter' –, une telle traduction étonne.

---

[107] Carl R. Rogers et Marian G. Kinget, *Psychothérapie et relations humaines*, vol. I, p. 157-158.

Solution proposée dans *A Tentative Formulation of a General Law of Interpersonal Relationships* (Chapitre 18 dans *On Becoming a Person*)
Cet article a été écrit autour de la même période que la citation à laquelle je viens de faire référence dans *A Theory of Therapy*. Dans celui-ci Rogers tente « de formuler, dans une hypothèse, les éléments qui font en sorte qu'une relation favorise la croissance, ou a l'effet inverse ».[108]

Encore une seule citation retiendra mon attention. Après avoir tenté de définir le concept de 'congruence', Rogers expose ensuite l'un des plus importants corollaires de la congruence, quelque chose qui, affirme-t-il, « n'est pas du tout évident »:

« Si un individu est en ce moment entièrement congruent, son expérience physiologique réelle étant représentée avec précision dans sa conscience, et sa communication étant exactement congruente avec sa conscience, alors sa communication ne pourrait jamais contenir l'expression d'un fait externe. S'il est congruent, il ne pourra pas dire: 'Cette roche est dure'; 'il est stupide'; 'tu es méchant'; 'elle est intelligente'. C'est que nous ne faisons jamais l'expérience de tels 'faits'. Toute conscience précise de l'expérience serait toujours exprimée, à partir d'un cadre de référence interne, en tant que sentiments, perceptions, et significations. Je ne sais jamais que tu es stupide ou que tu es méchant. Je peux seulement percevoir que tu m'apparais ainsi. De même, à proprement parler, je ne sais pas que cette roche est dure, même si je suis très sûr de la ressentir ainsi si je tombe dessus (et même alors je peux laisser le physicien la percevoir comme une masse très perméable d'atomes et de molécules fort rapides).[109] Si la personne est parfaitement congruente, il est clair que toute sa

---

[108] Carl R. Rogers, *On Becoming a Person*, p. 338.
[109] Carl R. Rogers, *On Becoming a Person*, p. 338.

communication sera nécessairement placée dans un contexte de perception personnelle. Cela a des implications très importantes ».

Comme le lecteur l'a certes déjà observé, la notion de congruence est très étroitement associée à ce que Rogers appelle l'expérience subjective, la perception organismique, la connaissance subjective, la perception ou le sentiment. Dans le langage ordinaire, être congruent signifie être réel, être proche de soi, de ce qui se passe dans son monde intérieur. La congruence est sans aucun doute l'un des éléments les plus fondamentaux de la thérapie rogérienne centrée sur le client, même si dans mon exposé sur l'intuition fondamentale de Rogers dans la première partie de ce mémoire, je n'y ai fait référence que très brièvement.

Je ne crois pas que la citation ci-dessus nécessite une longue interprétation. Une compréhension exacte de sa signification profonde exigerait certainement une élaboration approfondie du vocabulaire technique de Rogers, mais une telle tâche dépasserait la portée de ce mémoire dont l'objet n'est pas la thérapie centrée sur le client en tant que telle, mais plutôt les implications philosophiques du conflit que Rogers a vécu entre subjectivité et objectivité.

Vu sous ce dernier jour, le sens de la citation est assez clair. Percevoir, c'est fondamentalement voir les choses non pas telles qu'elles sont, mais simplement telles qu'elles me paraissent, affirme Rogers.

Reconnaître cela ne signifie pas que plus une personne serait congruente, plus elle percevrait les choses subjectivement et personnellement; et plus elle percevrait les choses subjectivement et personnellement, moins elle atteindrait la réalité telle qu'elle est.

Tel n'est certainement pas ce que Rogers veut dire ici. Dans *Client-Centered Therapy*, Rogers, même s'il évite de parler de la 'vraie' réalité, souligne très clairement que l'homme s'approche de plus en de la 'réalité' en comparant constamment ses perceptions les unes aux autres, et en obtenant constamment de nouvelles perceptions. Ainsi, ses perceptions lui permettent d'obtenir un guide de plus en plus fiable vers la réalité.

Cependant, il reste vrai qu'une ambiguïté considérable subsiste. Sans l'ombre d'un doute, Rogers a une forte tendance à considérer la connaissance comme étant purement subjective, intérieure, et privée, et non objective, extérieure, et publique. Et en définissant l'acte de connaître, comme mentionné plus haut, comme la simple émission d'hypothèses, Rogers n'arrive pas à reconnaître que l'acte par lequel une hypothèse est validité ou invalidée, implique forcément le contact avec le monde réel, implique nécessairement de la connaissance.

Rogers ne parle pas des perceptions comme guide à la réalité, mais seulement guide à la 'réalité'!

Chapitre 5 - Conclusion générale

Pour conclure ce mémoire, je vais d'abord rappeler les idées principales que j'ai présentées et ensuite souligner certains problèmes qui sembleraient devoir faire l'objet d'études et de recherches plus approfondies.

Dans la première partie, j'ai tenté d'identifier l'intuition fondamentale de Rogers en tant que psychothérapeute. Il semblait essentiel de saisir cette intuition afin de pouvoir mener à bien, dans la deuxième partie, l'objectif principal de cette recherche: comprendre, à travers une analyse textuelle systématique, le conflit entre subjectivité et objectivité, tel que vécu par Rogers, et évaluer de façon critique et philosophique la solution à laquelle il est arrivé.

L'intuition fondamentale de Rogers. Comme mentionné précédemment, Carl Rogers soutient essentiellement que la qualité de la thérapie dépend de la qualité de la relation que le psychothérapeute parvient à établir avec le client. Un regard positif inconditionnel ou bienveillant, de l'empathie, de l'acceptation, de la congruence et une foi profonde dans le client, le centre et le cœur même de la thérapie: telle est l'intuition fondamentale ou vision du monde de Rogers. Et une thérapie réussie, explique Rogers, signifie que le client devient plus personnel, plus proche de ses émotions et de son moi profond, apprend à s'aimer et à s'auto-apprécier, devient capable de percevoir l'unicité de chaque personne et situation, apprend à entrer en relation avec l'autre de façon profonde, devient plus flexible, plus nuancé et plus créatif.

Rogers explique le processus thérapeutique vécu par le client sur la base de sa théorie de la personnalité et des relations interpersonnelles. Un individu devient dysfonctionnel et en guerre avec lui-même quand, au lieu d'évaluer ses expériences à partir de son propre lieu d'évaluation, il le fait à partir du critère extérieur représenté par ses proches – généralement ses parents. Son moi réel est ainsi caché ou enseveli sous le moi résultant de tels critères imposés de l'extérieur, un moi composé en partie d'expériences catégoriquement non-admises à la conscience, en partie d'expériences admises à la conscience mais seulement une fois que leur sens aie été déformé. Grâce au processus de thérapie, l'individu apprend peu à peu à abandonner les critères extérieurs, à accueillir les expériences antérieurement déniées, et à réinterpréter les expériences admises, mais dont le sens avait été dénaturé. Il se reconnecte ainsi en profondeur à son moi réel, s'épanouit et redécouvre liberté et spontanéité.

Conflit entre subjectivité et objectivité. J'ai ensuite entrepris une longue analyse textuelle du conflit subjectivité vs objectivité tel que vécu et résolu par Rogers. Un examen attentif de la première partie de *Persons or Science? A Philosophical Question* m'a directement amené au cœur du problème: d'une part, à la fois une confiance et une méfiance envers la connaissance subjective, à certains égards; d'autre part, à la fois une confiance et une méfiance envers la connaissance objective, à certains égards. L'analyse subséquente du problème tel qu'il est apparu dans *Client-Centered Therapy* m'a permis d'approfondir ma compréhension du conflit et de le situer plus concrètement.

J'ai ensuite examiné la solution proposée par Rogers dans *Persons or Science? A Philosophical Question*, montrant qu'il avait résolu le problème, d'une part en soutenant que toute connaissance, y compris celle qui est scientifique, provient du for intérieur des personnes, et, d'autre part, en adoucissant sa notion de science, notamment en affirmant que le scientifique peut se fier davantage à son savoir subjectif ou expérience organismique qu'au savoir scientifique.

Cependant, l'étude de deux autres citations a révélé que Rogers a résolu le conflit subjectivité vs objectivité en faisant en sorte que la connaissance subjective renversât, dans une certaine mesure, la connaissance objective.

En simplifiant quelque peu, on peut présenter le drame intérieur vécu par Rogers de la façon suivante :

Rogers le scientifique s'est querellé avec Rogers le psychothérapeute praticien. La querelle était profonde et déchirante, car elle se déroulait dans le for intérieur d'une seule et même personne, qui entretenait à la fois une haute estime et des doutes profonds à l'égard des deux combattants, ici le scientifique et là le thérapeute praticien. Pendant le combat, le thérapeute praticien prend éventuellement le dessus et déclare victoire. Cependant, le scientifique est seulement meurtri, pas assommé, de telle sorte qu'il poursuit son existence, mais dorénavant comme serviteur de son conquérant.

Évaluation critique de la solution de Rogers

Je suis convaincu que Rogers a été un très grand bienfaiteur de l'humanité et qu'il l'est encore plus que jamais. Plus d'une fois, j'en suis arrivé à la conclusion que son message le plus profond est celui de l'amour. Il nous dit d'aimer et surtout COMMENT aimer: en acceptant l'autre, chacun d'eux, comme une personne d'une valeur absolue; en essayant de l'accueillir, de le comprendre en profondeur, d'entrer dans son monde de sens, de sentiments et de valeurs. Et ainsi, en lui permettant de s'épanouir, de se libérer: libre de retrouver son moi profond, libre de laisser tomber les masques et façades qui encombraient sa vie, libre de choisir ses propres valeurs, libre de laisser les autres personnes devenir libres.

Mais je suis également convaincu d'autre chose. Je pense qu'il est extrêmement important d'accepter les deux aspects de la connaissance humaine, le subjectif et l'objectif. Je crois que la vérité objective existe et je crois que l'homme peut l'atteindre. Je crois que l'homme n'est pas emprisonné dans son intériorité, dans ses propres perceptions.

En priorisant l'aspect subjectif du savoir humain, Rogers finit par remettre en question son aspect objectif et la possibilité même d'atteindre une vérité de valeur transcendantale. Une vérité qui soit valable pour vous, pour moi et pour tout le monde.[110]

Il n'est pas étonnant que Rogers ne croit pas qu'il soit possible d'enseigner à quelqu'un, de l'instruire. Selon lui, il est impossible d'atteindre la réalité qui sous-tend mon monde et celui des autres.

Affirme Rogers:

« Il n'y a pas de philosophie ou de croyance ou d'ensemble de principes que je pourrais encourager ou persuader les autres d'avoir. Je peux seulement essayer de vivre selon mon interprétation du sens actuel de mon expérience, et essayer de donner aux autres la permission et la liberté de développer leur liberté intérieure et ainsi de découvrir le sens qu'ils veulent donner à leur propre expérience. S'il existe une chose telle que la vérité, ce processus de recherche individuelle libre devrait, je crois, converger vers elle. C'est aussi ce que j'ai l'impression d'avoir vécu ».[111]

Je me rends compte que je n'ai pas vraiment donné une réponse adéquate au problème discuté dans ce mémoire. Je suis également insatisfait de ce que j'ai exprimé, soit parce que je n'ai pas su bien m'exprimer, soit parce que je n'ai pas suffisamment réfléchi avant de rédiger.

Cependant, j'espère avoir au moins réussi à montrer qu'il y a un vrai problème ici, et qu'il mérite une attention et une réflexion personnelle. Rogers a traité tout au long de sa vie

---

[110] **Note ajoutée en 2018**: ce paragraphe semble s'appuyer principalement sur la simple foi, et non, comme cela devrait être le cas en philosophie, sur la raison. Pour une analyse philosophique authentique de la subjectivité et de l'objectivité, de l'immanence et de la transcendance, voir mon livre *La vie de l'esprit selon Aimé Forest*.

[111] Carl R. Rogers, *On Becoming a Person*, p. 27.

d'un type de savoir essentiellement pratique et qui découle très intimement de la liberté de l'homme. Selon lui, l'élément le plus fondamental pour devenir une personne, c'est le choix personnel responsable; c'est aussi l'expérience fondamentale qu'il a vécu comme psychothérapeute avec des clients.[112] L'homme est une personne « qui se crée constamment elle-même, une personne qui donne sens à la vie, une personne qui incarne une dimension de liberté subjective ».[113]

Mais quel est, j'ose demander, le sens de la liberté de l'homme? Quelle relation existe-t-il entre la liberté de l'homme et sa connaissance de la réalité?

---

[112] Carl R. Rogers, *On Becoming a Person*, p. 400.
[113] Carl R. Rogers, *Toward a Science of the Person*, in Journal of Humanistic Psychology, Fall, 1963, p. 72-93, p. 89.

Épilogue 2018

Comme indiqué au tout début de ce livre, les lecteurs intéressés à approfondir mes réflexions philosophiques sur lesquelles se fonde ma critique de la solution de Rogers au conflit subjectivité vs objectivité sont invités à consulter mon livre *La vie de l'esprit selon Aimé Forest*. Je vais néanmoins tenter de souligner très brièvement quelques-uns des principaux points de cette critique. Plus précisément, je donnerai quelques indications sur la voie à suivre pour surmonter le dilemme de Rogers entre subjectivité et objectivité.

La déclaration de Rogers selon laquelle on ne peut jamais connaître la vérité objective est contradictoire
Rogers tient en très haute estime à la fois la connaissance subjective, qui apparaît si fondamentale dans son expérience de psychothérapeute, et la connaissance objective qui émerge de la science et de son apprentissage du positivisme logique. Cependant, il vit une crise intérieure profonde parce qu'affirmer la connaissance subjective semble impliquer la négation de la connaissance scientifique. Affirmer la liberté profonde et l'unicité à laquelle est associée la connaissance subjective, et dont dépend le cœur même du devenir de la personne, implique la négation de la science, qui repose sur la découverte de lois, de régularités, de nécessité, de ce qui n'est pas unique mais standard et universellement applicable.

Incapable d'abandonner la liberté et l'unicité associées à ce qui est le plus fondamental à la fois en thérapie et dans le devenir de la personne, Rogers finit par remettre en question l'idée même de connaissance scientifique, qu'il identifie à la vérité objective. En d'autres termes, une vérité universelle et donc valable pour tous.

On ne connait jamais la vérité objective. On connait seulement ce que l'on éprouve ou perçoit comme étant vrai, affirme Rogers. C'est cela, être congruent. Se rendre compte qu'il n'existe pas de vérité objective; reconnaître que tout ce que l'on peut espérer posséder, c'est la perception de quelque chose comme étant objectivement vraie.

D'un point de vue philosophique cependant, simplement affirmer, et cela avec certitude, qu'il n'existe pas de vérité objective, s'avère une entreprise dangereuse et cousue d'embûches. Car si jamais Rogers avait raison dans ce qu'il affirme – on ne peut atteindre la vérité objective – si ce qu'il affirme est vrai, alors il se tromperait automatiquement! Ce que Rogers affirme est contradictoire!

Rogers aurait tort, car au moins dans ce cas précis – on ne peut atteindre la vérité objective –, du moins dans cette affirmation de base, ce qu'il affirme serait vrai. Il s'agirait d'une affirmation valide pour tout le monde. Il ne s'agirait pas seulement d'une affirmation qui aurait l'apparence d'être valide pour tout le monde, ou d'une affirmation que *JE percevrais* comme étant valide pour tout le monde ; il s'agirait d'une affirmation réellement valide pour tout le monde !

Ainsi, si rien ne peut jamais être objectivement vrai, le silence serait peut-être plus approprié pour Rogers que les mots, que les affirmations. Plus convenable encore que l'affirmation que la vérité n'existe pas. Plus convenable que l'affirmation qu'on ne peut jamais connaître la vérité objective.

Cela dit, Rogers semble suggérer que la vérité objective existe, car il affirme: « S'il y a une chose telle que la vérité, ce processus individuel de recherche devrait, je crois, converger vers elle. C'est aussi ce que j'ai l'impression d'avoir vécu ».

Son message principal serait peut-être alors *qu'un individu ne devrait jamais chercher à imposer SA vérité sur autrui.* Un message très similaire à celui du grand théologien et œcuméniste catholique, Gregory Baum. Que la vérité ne peut être découverte que progressivement, librement et à travers le dialogue et grâce à ses propres expériences et perceptions personnelles.

En 1962, le célèbre psychologue béhavioriste B. F. Skinner discutait avec le tout aussi renommé Carl Rogers – voir A Dialogue on Education and Control publié sur YouTube le 22 février 2016 (55 min.). Dans son allocution d'ouverture, Skinner raconte une histoire qu'il a déjà entendue à propos de Carl Rogers, une histoire qui illustre fort bien une de ses principales critiques de l'approche centrée sur la personne en psychothérapie.

« Je me souviens d'une histoire que j'ai entendu une fois au sujet de M. Rogers, Skinner déclare aux centaines de personnes présentes.

« Un jour on arrive à persuader Rogers, qui n'a jamais été un chasseur de canards, à participer à une chasse au canard. Lui et quelques amis s'installent derrière leur cache, attendant patiemment, assis dans une aube froide et morne. On est presque rendu à la fin du temps où le tir est encore permis, et apparaît, finalement, un canard solitaire. Les amis de Rogers lui permettent de tirer et il s'exécute. Cependant, à quelques centaines de mètres, un autre chasseur tire sur le même canard. Le canard tombe et on entend le bruit de sa chute! Le Dr Rogers sort de sa cache et se dirige vers le canard. L'autre chasseur sort de sa cache et se dirige vers le même canard. Ils arrivent tous les deux au même moment. Le Dr Rogers se tourne vers l'autre et lui dit: 'Selon ce que vous ressentez, il s'agit de votre canard.' (Le public éclate en rires prolongés).

« La raison pour laquelle je me suis souvenu de cette histoire, conclut Skinner, c'est qu'à la fin, c'est le Dr Rogers qui a ramené le canard à la maison! »

Pour surmonter le dilemme entre subjectivité et objectivité

Affirmer la science, à laquelle Rogers identifie une connaissance objective et solide, conduit également à des impasses et des pièges.

La science, qui découvre les régularités, les lois, etc., repose, selon Rogers, sur l'idée que tout est déterminé, que tout peut être mesuré dans le monde et que tout a une cause. Et c'est précisément ce déterminisme qui nous permet de faire des découvertes fantastiques qui améliorent la qualité de vie. Nous pouvons améliorer nos pratiques thérapeutiques en tant que psychothérapeutes, nous pouvons même rêver un jour de tout savoir sur le fonctionnement d'un être humain. « Il semble plus que probable que la psychothérapie, grâce aux efforts de divers chercheurs, soit en voie de sortir du domaine du mystique, de l'intuitif, du personnel, et de l'indéfinissable, et en train d'accéder à la pleine lumière de l'examen objectif, » affirme Rogers.[114]

Mais cela représente un danger, admet Rogers, car cela peut conduire à la manipulation du plus grand nombre par une élite scientifique. Cela peut conduire à la destruction de ce qui est le plus humain, unique et précieux dans le monde.

Échapper à ce dilemme, signifierait, je crois, trouver un moyen de préserver à la fois le savoir subjectif et le savoir objectif. Trouver un moyen de préserver aussi bien la science que la liberté. Trouver un moyen de préserver à la

---

[114] Carl R. Rogers, *Client-Centered Therapy*, p. 20.

fois les régularités et les lois que l'on trouve dans l'univers et dans le comportement humain et qui forment l'oxygène même de toute recherche scientifique, et à la fois l'épanouissement profond de la liberté qui forme le cœur et l'âme du processus thérapeutique, et du devenir de toute personne humaine.

Échapper à ce dilemme signifierait réaliser un rêve que Rogers lui-même a magnifiquement exprimé dans les mots suivants que j'ai cités au début de ce livre:

« Je vois un grand besoin de réflexion créative et de théorisation en ce qui concerne les méthodes des sciences humaines. Dans notre groupe, le sentiment général est que le positivisme logique dans lequel nous avons été professionnellement formés n'est pas nécessairement le dernier mot philosophique dans un domaine où le phénomène de la subjectivité joue un rôle si vital et si central. Avons-nous développé la méthode optimale pour saisir la vérité dans ce domaine? Y a-t-il un point de vue, peut-être issu d'une orientation existentielle, qui pourrait préserver les valeurs du positivisme logique et les avancées scientifiques qu'il a contribué à susciter, et, en même temps laisser plus de place à la personne subjective qui se trouve au cœur même de notre système de science? Il s'agit d'un rêve hautement spéculatif et d'un objectif peut-être intangible, mais je crois que beaucoup d'entre nous accueilleraient favorablement la personne ou les personnes qui arriveraient à développer une réponse provisoire à l'énigme. »[115]

Échapper à ce dilemme implique, à mon avis, de remettre en question le principe selon lequel tout dans l'univers est mesurable et peut être opérationnalisé. C'est reconnaître la profonde sagesse d'Antoine de Saint-Exupéry lorsqu'il affirme: «L'essentiel est invisible». C'est reconnaître que la

---

[115] Carl R. Rogers, *A Theory of Therapy*... p. 251.

manière scientifique de connaître n'est pas le seul savoir, mais seulement un savoir plus spécialisée et plus étroit. C'est reconnaître que la connaissance scientifique présuppose et repose toujours sur une autre expérience de connaissance, une expérience primaire, large et beaucoup plus importante et dont tous les humains sont dotés.

Certaines affirmations de Rogers semblent indiquer qu'il a fini par reconnaître les limites de la science et qu'il reconnaît qu'elle ne joue qu'un rôle secondaire dans l'expérience humaine globale de connaissance. Il affirme que le scientifique, « en dernière analyse (...) peut placer plus de confiance dans ses réactions organismiques totales (ces dernières réactions se réfèrent à ce que Rogers entend par connaissance perceptuelle ou subjective) que dans les méthodes de la science ».[116] Et dans le même débat de 1962 qu'il a tenu avec le psychologue BF Skinner et auquel je viens de faire référence – A Dialogue on Education and Control publié sur YouTube le 22 Février 2016 (55 min.) – Rogers, après avoir reconnu qu'il y a beaucoup de choses avec lesquelles Skinner et lui sont d'accord, reproche carrément à Skinner d'ignorer le fait que la science n'est pas la seule, ni même la plus importante façon de connaître : « Pour toi, la vision scientifique représente le monde entier », lui dit-il.

Échapper au dilemme entre savoir subjectif et objectif signifie, je crois, trouver un moyen d'affirmer l'universel sans détruire automatiquement ce qui est unique, ce qui est singulier. Cela signifie reconnaître que l'universel atteint par la connaissance scientifique n'est pas le seul universel possible et, plus important encore, qu'il ne représente pas l'universel le plus fondamental. Cela signifie reconnaître que l'universel scientifique, aussi valide soit-il, n'est qu'un universel univoque; qu'il consiste dans la découverte de lois

---

[116] Carl R. Rogers, *On Becoming a Person*, p. 219.

et de régularités qui n'expriment que ce que divers êtres ont en commun, mais qui laisse de côté tout le reste, cet 'essentiel qui est invisible', cet important qu'est la rose. Cela signifie reconnaître la profonde sagesse des paroles du Hamlet de Shakespeare: « Il y a plus de choses dans le ciel et la terre, Horatio, que n'en rêve ta philosophie ».

Échapper à ce dilemme signifie reconnaître un autre type d'universel non scientifique; un qui n'est pas univoque mais analogique. Un qui est semblable à ce que Rogers affirme dans son article *Experiencing: A Variable in the Process of Therapeutic Change* lorsqu'il cite Gendlin: « L'expérience est ressentie, plutôt que pensée, connue ou verbalisée »; c'est « un processus de sentiment plutôt que de compréhension intellectuelle », un processus qui est pré-conceptuel mais qui guide la conceptualisation, un processus chargé de sens, qui tend constamment à passer de l'implicite à l'explicite.[117] C'est reconnaître l'existence d'un universel qui est analogique, qui exprime le type de connaissance que l'on trouve dans la vie quotidienne, et en particulier dans l'amour, dans la beauté, dans l'art, dans la poésie, dans la littérature et dans l'expérience religieuse. Un universel que le jeune sculpteur Michelangelo a tenté d'atteindre et d'exprimer dans ses deux chefs-d'œuvre, la *Pietà* et *David*. Un universel que l'artiste espagnol Antoni Gaudi a tenté d'atteindre et d'exprimer dans son chef-d'œuvre toujours inachevé, la basilique Sagrada Familia de Barcelone.

Un universel qui n'implique pas automatiquement l'élimination de la diversité et de l'unicité, mais au contraire leur affirmation, leur accentuation. Un universel qui ne signifie pas régularité, lois, standardisation, et nécessité, mais plutôt fragilité et contingence. Un universel qui fait bon ménage avec l'existence, une existence toute fragile et

---

[117] Harvard Educational Review, Vo. 32, no. 4, Fall 1962, p. 418-419.

précaire, une existence qui apparaît tantôt comme un cadeau et une joie – naissance – et tantôt comme une perte et un deuil – la mort…[118]

« Nous travaillons et jouons intensément non pas parce que nous sommes plus travailleurs ou plus joueurs que nos ancêtres, mais parce que nous n'osons pas nous arrêter de peur que le calme et le silence ne nous envahissent du son de nos propres angoisses et peurs », affirme Peter J. Gomes, dans sa préface du livre de Paul Tillich, *The Courage to Be*.[119]

On trouve la présence, la totalité et l'absolu en étant présent à un être unique. En communiant de façon profonde avec cet être unique. Unique et irremplaçable... Un être impossible à standardiser, impossible à reproduire, impossible à numériser. Fragile. Contingent. L'important c'est la rose (Saint-Exupéry). Être, ou ne pas être : telle est la question (Hamlet de Shakespeare).

C'est l'extase que Carl Rogers dit éprouver parfois lors de sessions thérapeutiques avec ses clients.

Pas en zoomant sur une ou plusieurs caractéristiques spécifiques que des millions d'êtres ont en commun. Pas en se concentrant, lors de la rencontre avec un client, sur les théories que l'on a étudiées en tant que thérapeute. Pas en zoomant sur ce qui cause le cancer affectant des millions d'êtres. Pas en identifiant l'espérance de vie, le taux de chômage de millions de personnes, etc.

Un autre universel existe en plus de l'universel atteint par la science. Quand on affirme cet autre universel analogique,

---

[118] Au moment où j'écrivais ces lignes, ma conjointe Danielle, accompagnait son frère Jacques, 72 ans, alors qu'il s'éteignait dans un hôpital à Montréal, et ma fille Johanne donnait naissance à des beaux jumeaux, Isaac et Maeva.

[119] Peter J. Gomes, Introduction, in Paul Tillich's *The Courage to Be*, second edition, Yale University Press, New Haven & London, 1952.

on le fait non seulement en maintenant mais aussi en soulignant et accentuant ce qui est fondamental et fondamentalement unique dans un être individuel.

C'est le cœur de la philosophie d'Aimé Forest. On peut consentir à ce qui est déterminé dans l'univers parce qu'on comprend qu'il y a un au-delà au sein même du déterminé. Un au-delà qui relie toutes les pièces du puzzle de l'univers en une mosaïque spectaculaire. Unité et harmonie perçues au cœur même de la multiplicité.

La nature vue par les indigènes comme quelque chose d'holistique et sacrée.

Une nature qui ne représente pas un simple intrant dans un processus de production, quelque chose que l'on utilise puis jette à la poubelle, mais une réalité avec laquelle on communie en profondeur, comme avec une mère ou une sœur.

Connaître en profondeur, ce n'est pas tant découvrir des lois et des régularités au sein de millions d'êtres humains. C'est communier en profondeur à un être unique, un être unique et irremplaçable. Pour moi tu es le monde entier. L'important c'est la rose.

Si, selon l'idéalisme qui caractérise une grande partie de la pensée contemporaine, le seul universel que la connaissance puisse atteindre de l'être est un universel univoque, alors l'esprit se trouve comme emprisonné. Et pour se libérer, pour échapper à l'inintelligibilité, à la détermination, à la singularité et à l'opacité, il doit alors se détourner de l'être, se replier sur soi-même, se concentrer sur l'acte par lequel il perçoit, sur l'acte de connaissance en tant que tel.

L'enfer, c'est les autres, affirme Sartre.

Pour se libérer, l'esprit doit se concentrer sur la perception en tant que telle, quel que soit l'objet perçu. « Je pense, donc je suis », affirme Descartes. Ce qui compte, c'est que je pense, non pas ce à quoi je pense.

La perception comme telle apparaît alors comme ce qui doit être priorisée. La congruence. Pas la vérité objective. *Ce que je PERÇOIS comme étant la vérité objective.* Pas la vérité scientifique. *Ce que je PERÇOIS comme étant la vérité scientifique.*

Selon Aimé Forest, le réalisme réflexif et raffiné – et non le réalisme naïf qui caractérisait trop souvent le Moyen Age – permet à l'esprit d'accueillir l'être concret, avec tout ce que représente son déterminisme, sa singularité et sa finitude, sans que cet être apparaisse comme une prison, comme une menace. Le réalisme permet à l'esprit de voir l'être comme sa lumière, comme sa source d'intelligibilité.

Cependant, cela ne se produit, souligne Forest, que si l'esprit adopte la même attitude d'accueil que Carl Rogers adopte envers ses clients: un regard positif inconditionnel, la bienveillance, la confiance et l'empathie. Grâce à cet accueil profond, le réalisme permet à l'esprit de découvrir le cœur même de l'être et de vivre l'intuition de l'être: une expérience dans laquelle une personne communie à l'autre en profondeur, une expérience dans laquelle elle découvre l'autre en même temps et à travers le même acte qu'elle se découvre elle-même; une expérience qui est à la fois présence et appel ; présence et appel vers le bien universel.

Toute connaissance objective (connaissance orientée vers un objet) est nécessairement subjective (connaissance procédant d'un sujet). Les deux ne sont pas en guerre, ils ne sont pas en opposition. Connaître, c'est, fondamentalement, entrer en relation avec, c'est communier à l'autre, à ce qui est.

Cependant, quand d'une part, on identifie la connaissance subjective à ce qui se passe à l'intérieur d'une personne – cet intérieur apparaissant séparé du monde extérieur et coupé de lui, et cet intérieur apparaissant comme instable, en mouvement constant, toujours changeant et donc très incertain et peu digne de confiance – et, d'autre part, on identifie la connaissance objective à ce qui se passe en dehors d'une personne – comme s'il était possible que le savoir existe quelque part en dehors des personnes – comme un savoir qui suit les règles de la science, qui découvre régularités, invariants, et lois, un savoir qui ne dépend pas des émotions et des humeurs, et qui est vérifiable, certain et solide...

Quand on définit ainsi connaissance subjective et connaissance objective, qu'une guerre éclate entre les deux n'est pas du tout étonnant.

Surmonter ce dilemme exige de redresser et de corriger la conception qu'on se fait de la connaissance subjective et de la connaissance scientifique et objective.

Toute connaissance est toujours subjective, dans le sens qu'elle procède d'un sujet, d'une personne ; et toute connaissance est aussi objective, dans le sens qu'elle porte sur un objet.

Connaître, d'abord et avant tout, c'est entrer en relation. L'activité propre à l'esprit est la communion, la relation, la participation !

Accueillir ce qui est unique et chercher le bien universel
Au tout début de ce livre, j'ai parlé de l'influence – la vision du monde – que mes parents et ma famille, ma longue formation pour devenir prêtre, et en particulier Carl Rogers et Aimé Forest avaient eu sur moi en tant qu'éducateur.

Le psychothérapeute Rogers insiste sur l'importance de l'acceptation inconditionnelle et de l'accueil de l'autre. Forest le philosophe parle de l'importance de développer une attitude d'acceptation et d'accueil, et ceci non seulement des personnes, mais aussi de l'être en général.

Mon ancienne élève, Valentina Solkin, affirme dans son témoignage: «. *Pour moi tu m'es toujours paru comme 'chez-nous' (home). Un endroit accueillant et familier, où tout est accepté et embrassé.*

La préface suivante que j'ai rédigée – elle a servi pour plusieurs stages consécutifs – pour le Cahier de stage utilisé par les étudiants du programme les Études Nord-Sud durant leur stage d'un mois au Nicaragua, illustre très bien la vision du monde à laquelle j'ai été exposé quand j'étais jeune:

Vivre, dans une large mesure, consiste à développer des relations. Lorsque celles-ci sont abondantes, chaleureuses, harmonieuses et profondes, la vie nous parait intense et remplie de sens. Lorsque celles-ci sont rares, froides, superficielles et conflictuelles, la vie semble difficile, voire ennuyeuse et monotone.

Au début nous n'étions qu'un groupe d'étrangers et nous sommes progressivement devenus une communauté. Nous sommes devenus une communauté grâce aux différents cours que nous avons suivis ensemble afin de nous initier aux questions Nord-Sud, afin d'apprendre l'espagnol et afin de parfaire nos connaissances sur le Nicaragua. Nous sommes devenus une communauté grâce aux différentes difficultés que nous avons vécues en tant qu'individus, et grâce à l'entraide que nous nous sommes accordés. Nous sommes devenus une communauté à travers les événements dramatiques entourant la fusillade qui a eu lieu au Collège Dawson le 13 septembre 2006, et la façon dont nous étions là l'un pour l'autre durant ces moments très pénibles. Nous sommes devenus une communauté grâce aux défis que nous avons relevés pour mener une campagne de financement, grâce à nos rencontres parascolaires tous les vendredi midi, et grâce au week-end passé ensemble au chalet dans les Laurentides.

Au cours de notre stage, lorsque nous nous intégrerons dans notre famille d'accueil nicaraguayenne, lorsque nous réparerons le toit du centre communautaire de El Carrizal et celui de l'école primaire de Las Pozas, lorsque nous améliorerons les infrastructures pour les enfants à El Espino et La Uva, lorsque nous assisterons à des conférences sur divers aspects de la société nicaraguayenne, et lorsque nous découvrirons jour après jour une autre culture, nous connaîtrons à la fois des joies et des difficultés.

Grâce à celles-ci, les liens qui nous unissent seront considérablement renforcés.

Puissent nos photos, nos séquences vidéo, nos notes de voyage et surtout nos journaux personnels nous permettre de saisir l'unicité du Nicaragua, l'unicité de chacune de nos familles d'accueil, l'unicité des uns des autres, et l'unicité des nombreux précieux moments passés ensemble.

Puissent-ils nous donner le rêve d'un monde meilleur: un monde où nous apprenons à vivre en harmonie avec notre demeure, l'environnement; un monde où la domination de quelques pays puissants sur les plus faibles est remplacée par des relations de dialogue et de respect; un monde où la guerre est remplacée par la paix, le conflit par la collaboration, l'inégalité des revenus et la richesse par le partage. Surtout, qu'ils nous fournissent la volonté et l'énergie nécessaires pour que ce rêve devienne réalité.

Bibliographie

Une bibliographie complète de toutes les publications de Rogers jusqu'en 1961 paraît à la fin de son livre *On Becoming a Person*. Ce qui suit ne représente que les livres et les articles que j'ai utilisés dans la préparation de ce mémoire.

(**Note ajoutée en 2018**: Pour une liste plus récente et mise à jour des travaux de Rogers, voir Goodreads: https://www.goodreads.com/author/list/102062.Carl_R_Rogers)

****

The Clinical Treatment of the Problem Child, Boston: Houghton Mifflin, 1939, 393 pp.

Counseling and Psychotherapy, Boston: Houghton Mifflin, 1942, 450 pp.

Client-Centered Therapy: Its Current Practice, Implications, and Theory, Boston: Houghton Mifflin, 1951, 560 pp.

A Theory of Therapy, Personality, and Interpersonal Relationships as Developed in the Client-Centered Framework, in S. Kock (Ed.), Psychology: A study of a Science, Vol. III Formulations of the Person and the Social Context, New York: McGraw Hill, 1959, p. 184-256.

On Becoming a Person, Boston: Houghton Mifflin, 1961, 420 pp.

The Loneliness of Contemporary Man, in Review of Existential Psychology and Psychiatry, Vol. I, No. 2, spring, 1961, p. 94-101.

The Interpersonal Relationship: The Core of Guidance in Harvard Education Review, Vol. 32, No. 4, fall, 1962.

Rogers, Carl R. and Kinget, G. Marian, *Psychothérapie et relations humaines*, Vol. I, (Exposé general), Publications universitaires, Louvain et Béatrice-Nauwelaerts, Paris, 1962, 319 pp.

The Actualizing Tendency in Relation to 'Motives' and to Consciousness, in Nebraska Symposium on Motivation, Marshall R. Jones, Editor, University of Nebraska Press, 1963.

Toward a Modern Approach to Values, in Journal of Abnormal and Social Psychology, 1964, Vol. 68, No. 2, p. 160-167.

Toward a Science of the Person, in Journal of Humanistic Psychology, fall, 1963, p. 72-93.

Articles sur Rogers

Gendlin, T. Eugene, *Experiencing: A Variable in the Process of Therapeutic Change*, in American Journal of Psychology, April, 1961, Vol. XV, No. 2, p. 233-245.

Oden, Thomas C., *Expérience thérapeutique et révélation*, in Nouvelle revue théologique, LXXXVII, No. 8, 1965, p. 785-835.

Peretti, André de, *Carl Rogers ou les paradoxes de la présence*, in Études, Tome 326, janvier-juin 1967, p. 23-39.

Peretti, André de, *Carl Rogers ou les paradoxes de la présence* (suite), février, 1967, p. 147-165.

Wilson, Thomas, M.S.C., *Client-Centered Therapy and Pastoral Counseling*, in The Clergy Review, October 1966, Vol. LI, No. 10, p. 777-785.

Menne, Raymond, *The Theory of Personality of Carl Rogers*, Unpublished thesis presented to the University of St. Thomas (Angelicum), Rome, 1961, 67 pp.